安徽小岗干部学院

特色课程讲稿

张晓亮◎著

上海三联书店

目　录

党的领导视角下的"大包干精神"：
内涵与启示

    中国的改革是从农村开始的，农村改革又是从安徽开始的。1978 年的一个寒冬之夜，在明代开国皇帝朱元璋的老家——凤阳县的小岗村，18个饥肠辘辘的农民，在昏暗的马灯下，不惜拿性命做赌注，以"敢为天下先"的胆识，按下了红手印，搞起了"大包干"。由于气氛紧张，灯光昏暗，这份具有历史意义的"生死契约"写得歪歪斜斜，句子极不连贯，没有标点符号，还有很多错别字。然而，正是他们这种出于"吃饱肚子"原始冲动般的冒险尝试，让小岗成为中国农村改革的主要发源地，而大包干精神也成为改革精神的重要组成部分。

    小岗农民为什么按红手印：吃不饱饭；为什么吃不饱饭：农民没有种地的积极性；为什么没有积极性：高度计划的人民公社体制。如何提高农民种地的积极性，改变过去不合时宜的政策？改革！如何推进改革？中国共产党的领导！由此可见，小岗农民的红手印是在改革的大趋势下产生的，它既是农民闯出来的，更是中国共产党领导下的结果。小岗"大包干"的成功，40 年前中国农村改革的成功，是人民群众、地方政府和中央三者合力的结果。下面，我们循着这一思路重温大包干精神的基本内涵。

一、大包干精神的基本内涵

    "我们分田到户，每户户主签字盖章，如以后能干，每户保证完成每户的全年上交和公粮，不在（再）向国家伸手要钱要粮。如不成，我们干部作（坐）牢刹（杀）头也干（甘）心，大家社员也保证把我们的小孩养活到十八岁。"关于这段悲壮的大包干誓言,有两个问题需要我们思考,第一,为什么要分田到户;第二,为什么要签字盖章。

(一) 小岗 18 户农民生死契约的诠释

为什么分田到户?穷则思变!正是"贫穷与饥饿对中国农民变革作了最广泛的动员。"①正如 1998 年江泽民在安徽农村考察时说:"改革从农村开始不是偶然的,是由我国的基本国情和当时农村的困境决定的。当时有二亿五千万人吃不饱肚子,吃饭问题成为最紧迫的大事,不改革已经没有出路了。"②

1. 穷则思变

1978 年是一个标志性的历史节点,之前,高度计划的人民公社体制使农民的农业生产缺少自主权,缺乏内在动力。农民上工往往是(听见)"头遍哨子不买账,二遍哨子望一望,三遍哨子慢慢晃"。"晚上工、早下工,到了地里磨洋工"。这正是政社不分,高度行政化,经营管理过于集中的人民公社体制导致的。在此体制下,凤阳小溪河镇就制定了"五不分":好坏不分——干不干,照吃饭。强弱不分——多劳不能多得。贫富不分——无代价调粮食、牲畜、农具、种子、劳力。多少不分——有一个人下一个人的米,规定每个人三碗饭。公私不分——小农具、小菜园、各家鸡鸭集中归队。这样,就造成富队想不通,劳动力强的想不通,助长了懒汉、滑头的依赖思想。

"干到日头落西山,不如母鸡下只蛋",当时,安徽农民就纷纷哭诉:"我们还不如鸡,鸡一天还有两把米","只有死,没别的路了"。这一时期,凤阳的经济发展也处于艰难时期,而小岗更是一个典型的"标本"。它是远近闻名的"三靠村":吃粮靠返销,用钱靠救济,生产靠贷款。在最苦的 1977 年底,小岗社员一无所有,实现了高度"平均化"——不论户大户小,户户外流;不论男人女人,只要能蹦能跳的都讨过饭。小岗人在理论上讲不清旧体制的弊端,却有切身的深刻体会,那就是:"搞了人民公社以后,

---

① 李锦:《大转折的瞬间——目击中国农村改革》,长沙:湖南人民出版社 2000 年版,第 8 页。
② 《江泽民文选》(第 2 卷),北京:人民出版社 2006 年版,第 208 页。

我们就饿肚子了"。为此，他们义无反顾地搞起了"大包干"。他们的"破釜沉舟"，只是为了吃饱肚子，不再去乞讨。但正是这种在承包契约上画上生死印的举动，表明人民公社这种"大锅饭"体制早已在实践中站不住脚，不得人心了。

穷则思变，小岗的"变"具有彻底性。当时，很多地方都搞起了包产到户。包产到户就是将集体的土地承包给农户，由集体统一劳动、集中管理变为农户承担相应地块的劳动和管理。但是，整个生产的经济核算和收益分配仍然由集体统一进行。而小岗搞的是包干到户，农民在承包土地之时，就和生产队订好了合同契约，农民按合同契约上的规定，完成上缴国家的征购任务，交足集体提留，剩下多少都归农民自己所有。包产到户，农民只有生产权，没有收益分配权。包产与包干的区别主要在于有没有生产收益的分配权，这种权力的大小程度如何？"大包干"带来的最大好处就是让农民清楚了自己与土地的关系，自己的劳动与生存发展的关系，自己能干什么和怎样干。对于农民来说，没有什么能比这些清清楚楚的事实更能激发积极性和生产潜力了。"直来直去不拐弯，保证国家的，留足集体的，剩下的都是自己的"，这种方式包得更彻底，利益更直接，责任更明确，方法更简便，一步到位。

改革从农村开始，是因为农民太穷；农村改革从小岗突破，是因为小岗更穷。小岗人搞"大包干"，是穷则思变，但为什么还要签字盖章呢？

2. 风险共担

改革所走过的每一步，取得的每一点突破，即使今天看来似乎理所当然，但是在特定的历史条件下，竟是那样的举步维艰。今天看来习以为常的包产到户在当时来说，不仅事关经营方式的变革，更事关"是否与社会主义制度有根本性抵触"的敏感问题。为什么这样敏感？人民公社"三级所有、队为基础"的制度被认为是当时我国农村不可动摇的"金科玉律"。1975年的《宪法》就赋予了"三级所有、队为基础"法律上的地位。其实，1960年代初，全国农村五分之一以上地方实行过把报酬同产量相联系的责任制，如广西实行的"包产到户"、湖南实行的"田间管理包产到户责任制"，尤其是安徽实行的"责任田"，都调动了农民的积极性，使粮食增产，被干部群众称为"救命田"。它不仅救了安徽人的命，也救了其他省份

3

人的命。然而,由于1962年秋批判单干风,"救命田"被当作走资本主义道路的典型遭到排斥。

改革开放前,类似"责任田"一样的包产到户就曾经历了三起三落。每一次起落间,都有一批支持者被批斗、抄家、罢官、坐牢。"包产到户"三起三落的历史,成了改革开放之初改革起步所面临的一个严重的政治、理论和思想障碍。分田单干,后果将是什么?是被扣上走资本主义道路的"帽子",还是被诬陷为反社会主义的罪魁?面临坐牢杀头的风险,人们一时不知所措。试想,如果我们生活在当年,会做出何种举动?而小岗人没有因为风险巨大而放弃改革的尝试,他们用中国最原始的"赌咒发誓"、"按手印"的方式,阐释了风险共担的决心。

3. 敢闯敢干

小岗实行了"大包干",1979年就喜获大丰收,终于摆脱了"三靠村"的困扰,扔掉了讨饭的花鼓。

全年全队粮食总产13.2万斤,相当于1966年至1970年五年粮食产量总和。

油料总产3.5万斤,群众说:"过去20多年总共也没收到那么多的花生"。

家庭副业也有很大发展。生猪饲养量达135头,超过历史上任何一年。

全年的粮食征购任务2800斤,过去23年一粒未交,还年年吃供应,今年向国家交售粮食2.5万斤,超额7倍多。

油料统购任务300斤,过去统计表上这一栏,从来都是空白,今年卖给国家花生、芝麻共2.5万斤,超过任务80多倍。

全队还第一次归还国家贷款800元。

"大包干"不仅结束了凤阳六百年来讨饭的历史,更是在社会主义建设历尽曲折、农村经济持续衰退、农业生产裹足不前的情况下,农民自发地组织起来,进行的一场"帕累托改进"的改革。正是由于"包干"比"包产"具有更加明显的优越性,因此小岗的做法拉开了中国农村改革的序幕。除安徽外,其他一些省份都开始积极试行各种形式的农业生产责任制。不仅如此,小岗"大包干"改革还解放了人们的思想,使人们开始从旧的社会主义模式中脱离出来，重新认识社会主义，更加深入地去认识和理解马克思主义，开始认识社会主义本身所应该和应有的形式。它启发我们思考一个重要的问题：什么是社会主义，怎样建设社会主义？包产到户、包干到户等形式一出现，姓"资"姓"社"的问题就被提了出来，从上到下议论纷纷，这无疑是一个重新认识社会主义的机会。事实证明，以包产到户和包干到户为基本内容的家庭承包责任制，是符合我国农业生产力水平和农民群众意愿并推动生产力发展的最好的劳动组织形式和分配方式，是建设社会主义新农村在特定阶段中合理的经济体制。在这个问题上解放了思想，打开了新思路，有助于人们去探索各种新的改革措施，其意义远远超出了包产到户、包干到户这件事本身。

"中国农民是伟大的。马列主义也可以出在小茅屋里。"①革命战争初期，毛泽东带领广大农民在"山沟沟"里"打"出了马克思主义，开创了农村包围城市的道路；改革开放初期，小岗的 18 户农民在"山沟沟"里同样"闯"出了马克思主义，找到并打开了改革的突破口。他们因穷则思变，以风险共担的方式演绎出的"敢闯敢干"正是马克思主义实事求是精神的生动体现。"大包干"使农民拥有了生产权和收益处置权，成为独立自主、自负盈亏和自担风险的经营者。这种分配方式，是广大农民所能接受的分配方式，符合马克思在《哥达纲领批判》中所讲的分配原则。

"大包干"是饥肠辘辘的小岗 18 户农民闯出来的，体现了他们的创造精神。同时我们更应看到，"大包干"是在改革开放的大趋势中产生的，中央的改革、安徽的新政为其"敢闯敢干"创造了适宜的气候。

（二）安徽的新政壮了小岗人的胆子

安徽为什么成为农村改革的突破口？首先，它是受"左"倾错误折腾的重灾区；其次，1960 年代初推行过"责任田"；再次，小岗农民的敢闯敢干；另外，还有一点就是安徽省委、滁县地委、凤阳县委领导班子有改革开放意识，有执行中央正确路线、方针的自觉性、坚定性。正是这些领导干

---

① 郑明武：《农民心愿——全国农村实行包产到户政策》，长春：吉林出版集团有限责任公司 2010 年版，第 63 页。

部的努力,才激发、保护了"大包干",扩大了"大包干"的影响。

1. 令万里"改弦更张"的实地调研

在当时,穷则思变并不是小岗人的专利,但像他们那样得到省一级决策大力支持的却很少。1977 年 6 月,已经 61 岁的万里受命于危难之际"空降"安徽,被任命为中共安徽省委第一书记。此时的安徽凋敝残破、穷困不堪。全省 28.7 万多个生产队,只有 12% 能维持温饱,67% 的人年均收入低于 60 元,其中 40 元以下的约占 25%。大部分农民吃不饱、穿不暖,不少人仍在饥饿线上挣扎。为详细了解民情,万里进行了大规模的实地调研,"但是到农村一具体接触,还是非常刺激"①,他"没有想到搞社会主义快 30 年了,老百姓还这么穷!"②他后来回忆说:"原来农民的生活水平这么低啊,吃不饱,穿不暖,住的房子不像个房子的样子。淮北、皖东有些穷村,门、窗都是泥土坯的,连桌子、凳子也是泥土坯的,找不到一件木器家具,真是家徒四壁呀。"③在凤阳的铁路沿线,他看到蓬头垢面拖儿带女的农民,成群结队在同拦截他们的干部"玩"着"猫捉老鼠的游戏",争先恐后地扒车皮外流。有人对此说:"这里的农民有讨饭的习惯。"万里气愤地说:"讲这种话,立场站到哪里去了,是什么感情? 我没听说过,讨饭还有什么习惯! 我们的农民是勤劳的,是能吃苦的,是要脸面的,我就不相信有粮食吃,有饺子吃,谁还愿意去讨饭! 种粮食的农民饿肚子,这说明我们的政策不对头!"万里感到一阵阵心酸,他越看、越听、越问,心情就越发沉重。通过调研,万里认识到:"最重要的生产力是人,是广大群众的社会主义积极性,没有人的积极性,一切无从谈起,机械化再好也难以发挥作用。调动人的积极性要靠政策,只要政策对头,干部带头,团结一切积极因素干社会主义,群众就会积极起来,农业就能上得快。""农业根本是靠两只手,人的思想支配两只手,思想积极了,两只手就勤快了。调动积极性靠什么? 一个靠领导,一个靠政策。"④这些话是说,农业生产落后,农民生活困难,源于生产积极性调动不起来,源于人民公社体制的僵化,

① 陈桂棣、春桃:《小岗村的故事》,北京:华文出版社 2009 年版,第 6 页。
② 吴象:《中国农村改革实录》,杭州:浙江人民出版社 2001 年版,第 108 页。
③ 田继云:《万里:改革开放的大功臣》,《炎黄春秋》2006 年第 5 期。
④《万里文选》,北京:人民出版社 1995 年版,第 102 页。

对策是必须"改弦更张"，用新的政策、新的办法来调动农民的积极性。就这样，经过几上几下，安徽省委正式出台了后来闻名全国的《关于目前农村经济政策几个问题的规定》（简称"安徽省委六条"）。

2. 令农民"胆大包天"的"省委六条"

"安徽省委六条"主要内容包括：一是尊重生产队的自主权；二是坚持按劳分配原则；三是减轻生产队和社员负担；四是允许和鼓励社员保有自留地和开展正当的家庭副业；五是生产队可以根据不同农活建立不同的生产责任制，只要个人可以完成的农活也可以责任到人；六是队干部带头参加劳动。这些规定，今天看起来已经很平常了，但在当时，真是石破天惊，突破了长期无人逾越的禁区。而且，这时十一届三中全会还没有召开，三中全会做出相关政策时，《安徽省委六条》已经实现了。除了这些具体的规定外，"安徽省委六条"还明确指出：新的政策是对全省的一般性规定，各地应当根据党的政策、原则，联系本地实际，经过群众充分讨论，具体贯彻落实；省委、省革委会过去发的文件，如有同这个文件抵触的，一律以这个文件为准。《安徽省委六条》的基本精神是从安徽的现状出发，让农民休养生息，用政策调动农民的积极性，在执行时强调原则性和灵活性相结合。"安徽省委六条"公布以后，立即在全省农村产生了强烈反响。在《安徽省委六条》的激发下，农业生产从不联产到联系产量，有些地方搞起了包产到组、包产到户。正是在这一背景下，小岗人更进一步，搞起了大包干到户。当时，大包干带头人是这样说服县委书记陈庭元的：我们队在一起干了近30年，生产从未搞好过……社员都说，如今上面的政策有点松了，我们分到户干，想找个门路，多收点粮食，也减少国家的麻烦。陈庭元后来也指出：凤阳"大包干"正是在"安徽省委六条"的土壤里萌芽、成长、开花、结果的。《安徽省委六条》鼓起了小岗人的勇气，也鼓起了安徽人的勇气，小岗的星星之火，第二年就燃遍了近5000万人口的安徽大部分地区，并逐渐走向全国。

3. 令安徽"胆战心惊"的"张浩来信"

除《安徽省委六条》外，安徽省委制定的"借地度荒"的大胆决定，也诱发了肥西的包产到户，对农村改革同样产生了很大影响。由"省委六条"、"借地度荒"引发的包产到户、包干到户，很快就在江淮大地呈现出燎原之势。1979年初,固镇、嘉山、全椒、长丰、肥东、芜湖、阜南、濉溪、六安、宣城等县,都有一些生产队悄悄地搞起了土地承包和家庭经营。然而,就在"大包干"如火如荼地发展之际,来自各方面的阻力如泰山压顶,迎面而来。1979年3月15日,《人民日报》头版头条发表了一封署名张浩的读者来信——"'三级所有、队为基础'应当稳定"。信中说:"现在实行的'三级所有、队为基础'符合当前农村的实际情况,应充分稳定,不能随便变更","轻易地从'队为基础'退回去,搞分田到组、包产到组,也是脱离群众,不得人心的"。《人民日报》为这封来信专门配发了一段长长的编者按:"我们认为,张浩同志的意见是正确的","已经出现包产到组、分田到组的地方,应当认真学习三中全会原则通过的《中共中央关于加快农业发展若干问题的决定(草案)》,正确贯彻执行党的政策,坚决纠正错误的做法"。来信刊登后,又经中央人民广播电台广播,在全国掀起一场轩然大波,给安徽农村改革带来极大冲击。来信和编者按要纠正的是包产到组,连"包产到组"都批了个"狗血喷头",包产到户和包干到户岂不是大逆不道?霎时间,人心惶惶,群众担心挨饿,干部担心挨批。搞包产、包干的停了下来,正在准备搞的紧急刹车。一些曾多次因包产到户受到批评的省,不约而同地对安徽的包产到户展开了各种形式的批评。

面对"张浩来信"引起的恐慌,安徽省委迅速采取措施,尽量减轻"来信"带来的消极影响。其中最为关键的就是,万里四处奔波发表了一系列敢于担当的讲话:"那是一篇读者来信,讲的是他个人看法。它反映的那些问题是支流,不是主流,我们不要受它的影响。不要怕,原来怎么干还怎么干,搞一年再说"(在全椒讲话);"它(人民日报——笔者注)说是错误做法,我看是好办法。什么是好办法?能叫农业增产就是好办法,能叫国家、集体和个人都增加收入就是好办法,反之就是孬办法。我们这儿,不管谁吹这个风那个风,都不动摇。肥西县有的区、社搞了包产到户,怎么办?我看既然搞了就不要动摇了,一动就乱。政策不可变来变去,农民就怕政策多变,定下来的,就干!"(在全椒讲话)"你们地委做得对,及时发了电话通知,已经实行的各种责任制一律不动。只要今年大丰收,增了产,社会财富多了,群众生活改善了,你们的办法明年可以干,后年可以干,可以一直干下去。"(在滁县讲话)"报纸像公共汽车,别人可以打票乘车,你们也可以打票乘车,他写稿登了,你也可以写稿。那封读者来信一广播,有的人就动摇了。正确不正确,你自己不知道吗?为什么不看群众,不看实践?究竟什么意见符合人民的根本利益和长远利益,还要靠实践来检验,决不能读了一封读者来信就打退堂鼓。你们想想,产量上不去,农民饿肚子,是找你们县委,还是找《人民日报》?《人民日报》能管你吃饭吗?"(在滁县讲话)"不用管人家怎么讲。联产承包制是省委决定的,你们放心干,有什么问题省委负责解决!"(在来安、天长、嘉山、定远等滁县地区六个县的讲话)。① 万里的这一系列讲话壮了广大农民和基层干部的胆子,"张浩来信"的影响被逐渐平息下去。

1980 年 1 月,安徽省委召开扩大会议。滁县地委书记王郁昭为了使"包产到户"正式被承认是社会主义生产责任制的一种形式,说了句俏皮的话:该给"包产到户"报上"户口"了。万里也以风趣的口吻做了回答:孩子已经生下来了,他妈妈挺高兴,你不给他报户口,行吗?"包产到户"不是分田单干,分田单干也不属于资本主义,没有什么可怕,群众已经认可了,那就只能同意,批准。万里的这番话意味着,"包产到户"在安徽已经正式"报上户口"。

正是因为当时有凤阳县委书记陈庭元、滁县地委书记王郁昭,更重要的是安徽省委书记万里的有力支持,小岗的做法才对周围产生很大的积极影响,这是领导干部关键引领的成果。从万里、王郁昭、陈庭元等领导干部身上,我们看到了敢于担当的改革胆识。

(三) 中央的改革智慧活了小岗人的思想

"大包干"普及后,万里深有感触地说:中国农村改革,没有邓小平的支持是搞不成的。1980 年春夏之交的斗争,没有邓小平那一番话,安徽燃起的包产到户之火,还可能被扑灭。万里的这句话,不仅强调邓小平在农村改革中发挥的重要作用,也是在表达农村改革的成功,是中央解放思想、锐意改革的结果,大包干精神从中央层面来看,体现的是一种敢试新路的改革智慧。

---

① 《万里文选》,北京:人民出版社 1995 年版,第 123—126 页。

1. 用实践检验真理

1978年,"文化大革命"虽然结束近两年,但党的工作仍在"两个凡是"的框架下徘徊,人们的思想仍然沉浸在历史的惯性之中,对社会主义存在着固化的认识。在这种情况下,党中央通过真理标准大讨论,批判了教条地、简单地、照搬照抄马克思主义的著作,打破了思想意识的僵化格局;通过为期36天的中央工作会议,彻底地解决了历史遗留的大是大非问题,尤其是平反了一批老干部的冤假错案,形成了解放思想、实事求是、团结一致向前看的全新局面;通过十一届三中全会,实现了从"两个凡是"到实事求是、从"以阶级斗争为纲"到以经济建设为中心,从封闭和墨守成规到改革开放的转变;通过《关于建国以来党的若干历史问题的决议》彻底否定了"文化大革命"和无产阶级专政下继续革命的理论,科学地评价了毛泽东和毛泽东思想的历史地位。这些事件之所以能够载入史册,并将永远载入史册,不仅在于做出了影响中国前途命运的具体决定,还在于冲破了思想的"牢笼"。马克思、恩格斯很伟大,但他们的著作不能简单地照搬照抄,只有大胆实践,才会有新的经验。如果十几亿人的国家不敢想、不敢试,发展空间会越来越小。这些事件,打开了思想解放的大门,敢闯敢干正是这一时期解放思想的产物。

1979年,尽管中央还在明令"两个不许",但是,中央以及一些地方政府已经尝试着用实践去检验真理,没有停留在口号上。如在"左"倾路线压力下,肥西县委发文强制纠正包产到户,但却遭到农民坚决抵制,他们不干活,罢耕罢收,并理直气壮地质问纠偏干部:"生产粮食犯不犯法","实践是检验真理的唯一标准在咱农村还兴不兴","为什么实践证明能够大增产的办法不让搞","我们国家至今还吃进口粮食,作为一个中国人感到不光彩,我们这个办法难道不比吃进口粮好"?问得下去纠偏的干部哑口无言,县委干部们也很矛盾。他们自问:"过去搞了20多年的农村工作,往往粮食减产了,许多农民逃荒、饿死,反而说这是社会主义,说大方向是正确的。现在包产到户,粮食大增产,农民满意,反而说是资本主义,说大方向是错误的"。"到底什么是资本主义,什么是社会主义,把我们搞糊涂了"。① 在群众的坚决抵制下，县委不得不改变强制的态度。一位县委负责同志后来谈到这件事时说："试验包产到户的一年，我们害怕了一年，捂了一年，被动了一年；群众却抗了一年，干了一年，增产了一年。"② 尽管这些干部对包产到户的态度是犹豫不决的，但是他们没有像以前一样强制禁止，正是这种战战兢兢地拿实践来检验真理的做法，证明了搞家庭联产的正确性。

2. 用新观念解决新问题

"安徽的万里搞了个农村政策六条规定，你们可以参考一下，也可以搞多少条嘛，不能老是原来的老框框。……农村的路子要宽一些，思想要解放。还是原来的老概念，不解决问题。要有新概念……不能只是在老概念中打圈子。"邓小平看到"安徽省委六条"后，大加赞赏。1978 年春，他出访巴基斯坦路过成都时，对当时四川省委主要负责人说了上面的话。在邓小平的鼓励和支持下，四川省委于 1978 年 2 月制定并公布了《关于当前农村经济政策几个主要问题的规定》（十二条），在农村积极推行、实施，同样取得了较好效果。不久，贵州、内蒙古等一些省（区）的领导干部也不愿再等下去，开始在自己的职权范围内，向农村"左"的政策发起冲击。

然而，就在这种大好的环境下，安徽的改革又遭受了一次严峻考验。1980 年 1 月 11 日至 2 月 2 日，全国农村人民公社经营管理会议召开。针对包产到户姓"资"姓"社"问题，会上又展开了激烈的争论。很多地方的负责人都坚持认为包产到户是错误的，与社会主义不沾边，是资本主义性质的。安徽的分田单干违背了《中共中央关于加快农业发展若干问题的决定》和宪法。就在争论期间，1980 年 3 月，万里被调到中央工作。万里离开后，面对外部的巨大压力，安徽省委有关负责人对包产到户的态度出现了微妙的变化。一时，"大包干"又有了和 1960 年代初"责任田"一样遭受夭折的危险。但是这次，历史没有重演。邓小平的一番话彻底打消了江淮儿女的顾虑。5 月 31 日，邓小平在中央有关负责人就农村政策问

---

① 李凌：《勇破坚冰的〈未定稿〉》，《书屋》2003 年第 1 期。
② 李凌：《勇破坚冰的〈未定稿〉》，《书屋》2003 年第 1 期。

题的谈话中，旗帜鲜明地指出："农村政策放宽以后，一些适宜搞包产到户的地方搞了包产到户，效果很好，变化很快。安徽肥西县绝大多数生产队搞了包产到户，增产幅度很大。'凤阳花鼓'中唱的那个凤阳县，绝大多数生产队搞了大包干，也是一年翻身，改变面貌。有的同志担心，这样搞会不会影响集体经济。我看这种担心是不必要的。"①邓小平这番谈话，无疑是对安徽包产到户、包干到户的最大支持和鼓舞，使农民问题上升为中国政坛的重大问题。几年来围绕姓"资"姓"社"问题的激烈争论，终于画上了休止符。

3. 用政策激发生产积极性

1981年8月，美国人类学教授南希·冈萨列斯女士来中国访问，到凤阳考察后说："凤阳农村很有说服力，中国农村改革确实给农民带来了好处。"②同年11月1日，邓小平会见哥伦比亚外长莱莫斯时说："最近，有个美国女教授到我国历史上最穷的地方，就是凤阳县去访问，看完后印象很深。农村实行了新的农业政策——责任制，调动了农民的积极性，地方还是一个地方，天气也不好，现在一下子变了，这说明政策对不对头是很重要的。"③

十一届三中全会形成的纲领性文件《中国共产党第十一届中央委员会第三次全体会议公报》提出：

全党目前必须集中主要精力把农业尽快搞上去，因为农业这个国民经济的基础，这些年受了严重的破坏……

为此目的，必须首先调动我国几亿农民的社会主义积极性，必须在经济上充分关心他们的物质利益，在政治上切实保障他们的民主权利。

社员自留地、家庭副业和集市贸易是社会主义经济的必要补充部分，任何人不得乱加干涉；人民公社要坚决实行三级所有、队为基础的制度，稳定不变；人民公社各级组织都要坚决实行民主管理、干部选举、账目公开。

这个公报，让农民看到了中央放宽农业政策的征兆。但这次全会主

---

① 《邓小平文选》(第2卷)，北京：人民出版社1983年版，第315页。
② 《万里文选》，北京：人民出版社1995年版，第651页。
③ 《万里文选》，北京：人民出版社1995年版，第651页。

要是解决党的思想、政治路线上的问题。所以，文件仍没有给包产到户"解禁"，并将包产到户与分田单干等同起来。但是，在群众不断向前的实践面前，中央也逐渐意识到，这是一场意义深刻的历史性变革，必须站在历史的高度自觉主动地指导这一变革，必须顺应民意，不断推出新的政策，激发农民的生产积极性。

1979 年 9 月，十一届四中全会召开。会议的两个新规引人注目：一个是："可以按定额记工分，可以按时记工分加评议，也可以在生产队统一核算和分配的前提下，包工到作业组，联系产量计算劳动报酬，实行超产奖励。"这个"可以、可以、也可以"肯定了"包产到组"，肯定了联产计酬，而且为广大农民在实践中大显身手敞开了一道口子。另一个引人注目的新规就是将"不许分田单干，不许'包产到户'"改为不许分田单干。除某些副业生产的特殊需要和边远山区、交通不便的单家独户外，也不要"包产到户"。由"两个不许"变为"一个不许，一个不要"，对"包产到户"口气缓和了，而且允许某些例外。

1980 年第 75 号文件规定："在那些边远山区和贫困落后地区，长期'吃粮靠返销，生产靠贷款，生活靠救济'的生产队，群众对集体丧失信心，因而要求包产到户的，应当支持群众的要求。"将包产到户限定在边远山区和贫困落后地区，其实什么是贫困地区，很难有个标准。实际情况是，不管贫困不贫困，都自称贫困，呼啦啦地搞起了包产到户来，包产到户逐渐成为全国性的改革浪潮。

1982 年 1 月 1 日，中共中央发出了 1982 年 1 号文件，题为《全国农村工作会议纪要》，文件指出：

目前实行的各种责任制，包括小段包工定额计酬，专业承包联产计酬，联产到劳，包产到户、到组等，都是社会主义集体经济的生产责任制。不论采取什么形式，只要群众不要求改变，就不要动。

文件对包产到户、包干到户是社会主义经济的界定，使长期被视为大逆不道的生产责任制终于取得了正式户口。整个政策不能随意变动彻底解决了人们的后顾之忧。此外，这是一个重要的转折点，即家庭联产承包责任制已经由以民间为主进入到以官方为主推行的新阶段。

1983 年 1 月 1 日，中共中央 001 号文件，题为《当前农村经济政策若干问题》,对农村家庭承包责任制给予了前所未有的高度评价。

党的十一届三中全会以来,我国农村发生了许多重大变化。其中,影响最深远的,是普遍实行了多种形式的农业生产责任制。联产承包越来越成为主要形式。联产承包责任制和各项农村政策的推行,打破了我国农业生产长期停滞不前的局面,促进农业从自给、半自给经济向着较大规模的商品生产转化,传统农业向着现代化农业转化。

这个一号文件,比 1982 年一号文件又进了一步,其中有说:联产承包制"是马克思列宁主义农业合作化理论在我国实践中的新发展","是我国农民的伟大创造"。像这样地在中央文件中把农民实践中的创造视为马克思主义理论新发展的高度评价,是极为罕见的。

1984 年中央一号文件,题为《中共中央关于 1984 年农村工作的通知》,再次关注包产到户,并明确提出"土地承包期一般应延长在 15 年以上"。

钟声不灵政策灵。据 1984 年 1 月 26 日《人民日报》报道:

中央 1984 年一号文件在山西省雁北地区农村引起强烈反响。农民说:"俺们 3 年吃了 3 颗定心丸。第一颗定心丸,致富开了窍;第二颗定心丸,致富有了道;第三颗定心丸,致富顾虑消。"

农民的创造为什么能够推广到全国? 这是人民群众、地方政府和中央三者合力的结果,是中国共产党领导的结果。大包干精神的基本内涵是什么? 大包干精神首先是由小岗人演绎的,他们穷则思变,以风险共担的方式,演绎出了敢闯敢干、敢为人先的改革勇气;大包干精神又是在改革开放的大趋势中孕育的,安徽各级领导干部务实创新、敢于担当的改革胆识壮了小岗人的胆子,中央解放思想、敢试新路的改革智慧激活了小岗人的思想。所以大包干精神的基本内涵就是:敢闯敢干、敢为人先,务实创新、敢于担当,解放思想、敢试新路,即敢闯、敢试、敢担当,它是改革的勇气、胆识与智慧的杰作。

二、大包干精神的经验启示

当年小岗的"秘密会议"与"生死契约"离我们很遥远了,但是,这个会议与契约所内含的精神却始终不会离开我们。2016 年 4 月 25 日,习近平总书记来到小岗村"当年农家"院落,在了解了当年 18 户村民签订大包干契约的情景后感慨道:"当年贴着身家性命干的事,变成中国改革的一声惊雷,成为中国改革的标志。"他强调:"雄关漫道真如铁,而今迈步从头越。今天在这里重温改革,就是要坚持党的基本路线一百年不动摇,改革开放不停步,续写新的篇章。"续写改革新篇章,就必须汲取改革经验,小岗"大包干"及大包干精神对我们在新时代续写新篇章的启示良多。弘扬大包干精神,党员领导干部必须在主观、主体、主导这三个层面上做到三个"必须"。

(一) 主观上,必须继续敢闯敢干、敢为人先

敢闯敢干在不同的时期有不同的具体表现,在全面深化改革阶段,尽管敢闯敢干不再有坐牢杀头的风险,但是,阻力、压力仍然存在。敢闯敢干是共产党员的政治品格,新时代的"敢闯敢干"要求党员领导干部勇于改革、敢于担当。

1. 勇于改革

2017 年 11 月,习近平总书记主持召开十九届中央全面深化改革领导小组第一次会议时强调:在新时代,中国人民将继续自强不息、自我革新,坚定不移全面深化改革,逢山开路,遇水架桥,敢于向顽瘴痼疾开刀,勇于突破利益固化藩篱,将改革进行到底。

勇于改革需不断强化改革思维。40 年前,为了不挨饿,大部分干部、群众不怕风险也要搞"大包干",搞改革。现在,我们已经解决了温饱问题,但是,随着生产的发展,人民群众对美好生活的向往越来越多,而且要求也越来越高,要保质保量满足群众的要求,我们还面临一些挑战,亟需解决的难题就是发展的不平衡不充分,解决这些难题唯有靠改革。所以说,改革不是一个阶段性的任务,不可能"毕其功于一役",要做好长期改革的思想准备,并通过改革思路的创新来应对不断变化的形势。值得警醒的是,面对中央的改革精神、群众的改革呼声,一些地方领导干部不同程度上存在着不知道改、不敢改、只说不改的情形,把改革变成纸上改革、嘴上改革,不见反省,不见行动,这种改革不作为的根源在于不求有功但

求无过的消极心态,其危害不亚于腐败。改革是富强的唯一"通行证",过去40年中国各方面快速发展的原因是改革,未来的发展同样取决于改革。这就要求我们必须拿出当年敢闯敢干、敢为人先的勇气,用改革来解决改革中出现的问题。当年,邓小平在南巡时强调:要坚持党的十一届三中全会的路线、方针、政策,关键是坚持"一个中心,两个基本点",不坚持社会主义,不改革开放,不发展经济,不改善人民生活,只能是死路一条。邓小平的这个理念对新时代依然具有很强的指导意义,今后也唯有通过不断地改革,才能解决改革中出现的问题。

勇于改革需不断促进思想解放。推动40年改革的动力因素有很多,其中思想是最重要的。改革的思想先于改革的行动,是改革的第一推动力。回顾历史,我们可以发现,先有"五四运动"对"德先生"和"赛先生"的传播,后有新民主主义革命的胜利;先有"实践是检验真理的唯一标准"的拨乱反正,后有改革开放。从人民公社时期安徽对"责任田"的尝试,到"借地渡荒"和"省委六条",再到对"大包干"的默许、支持和推动,每一步都体现了解放思想的精神。那么,如何解放思想?在解放思想的过程中,至少要把握住两个关键问题。一是解放思想首先要解放自己。在解放思想的浪潮中,既有上级要求下级解放的思想,也有基层触动上层解放的思想;既有最难解放的思想,也有最怕解放的思想。解放思想首要的应该是解放最怕解放的"思想",最怕解放的"思想"概括起来有以下三个方面:怕付出代价,怕公开隐私,怕失去权力。靠上级帮助解放思想往往办不到,靠群众帮助解放也只能是摆形式、走过场,最佳的途径应该是靠自己来解放自己。然而,人们往往习惯于"革别人的命",至于"革自己的命"则普遍缺乏自觉性。那么,靠什么解放最怕解放的"思想"呢?靠体制和机制的创新。只有不断地建立和完善解放思想的体制和机制,营造解放思想的环境,领导干部的思想先解放,才能成为推动解放思想的主导力量。二是解放思想是一种建设性思维。解放思想,不仅是一种批判性思维,也是一种建设性思维。这就要求我们从宏观上,要正确地看待两个问题。一方面要正确看待在探索过程中出现的问题。"党的工作有过失误,党内存在着一些消极腐败的现象,我国的社会主义民主仍需进一步完善,这些都是事实。但是,有失误是纠正失误的问题,有腐败是惩治腐败的问题，决不能借此否定党的领导，否定整个社会主义制度。而且党的失误历来总是由党自己纠正过来的。但是，有一些人因为眼前出现的困难就对前途丧失信心，设法逃离困境；有一些人否认党的领导，否定党的领导，甚至搞乱局势以求推翻党的领导。这些都是极为有害的。"[1]另一方面，要正确看待改革开放前后"两个历史时期"。有些人将改革开放前后两个历史时期的关系看成是相互对立的，或者否定改革开放前的时期，以衬托、解释改革开放后的成功；或者批评改革过程中出现的贫富差距、腐败等问题，企图回归到前一个时期。两个时期，都有各自的辉煌，也都存在阶段式的问题。互相否定，过于偏激，应理性客观地看待。关于两个时期的正确关系，邓小平同志旗帜鲜明地指出，"从许多方面来说，现在我们还是把毛泽东同志已经提出、但是没有做的事情做起来，把他反对错了的改正过来，把他没有做好的事情做好。今后相当长的时期，还是做这件事。当然，我们也有发展，而且还要继续发展。"[2]2013 年 1 月 5 日，习近平总书记在新进中央委员会的委员、候补委员学习贯彻党的十八大精神研讨班上发表的重要讲话中，在论述改革开放前后两个历史时期的关系时明确指出，"我们党领导人民进行社会主义建设，有改革开放前和改革开放后两个历史时期，这是两个相互联系又有重大区别的时期，但本质上都是我们党领导人民进行社会主义建设的实践探索。"他强调，"不能用改革开放后的历史时期否定改革开放前的历史时期，也不能用改革开放前的历史时期否定改革开放后的历史时期。"这些重要论述，集中体现了我们党对于这一重大问题的根本立场和鲜明态度。两个时期的相互关系就像走路，路是一步一步走过来的，跨出第一步，才会有第二步，应该将改革开放前后两个历史时期看作一个接续发展的整体。

勇于改革需始终坚持"以人民为中心的改革思想"。发展要坚持以人民为中心的思想，改革也要坚持以人民为中心的思想。以人民为中心的改革至少应该包括五个方面的基本内容：一是改革的目标——要"满足人"。改革要满足绝大多数人的多种要求，不仅要满足大多数人的物质需

---

① 李锦：《大转折的瞬间——目击中国农村改革》，长沙：湖南人民出版社 2000 年版，第 315 页。
② 《邓小平文选》(第 2 卷)，北京：人民出版社 1994 年版，第 300 页。

求,还要满足他们的精神需求、成长需求和权利需求等。二是改革的主体——要"依靠人"。改革要充分依靠绝大多数人,也就是说,要使绝大多数人参与其中,而不是充当改革的看客。三是改革的对象——要用"制度"来"引导人"。改革最关键的就是改变过去不合时宜的制度,改革形成的新制度要能够激励大多数人,同时约束大多数人的机会主义行为。四是改革的手段——要靠提供"资源"来"装备人"。改革要能为绝大多数人提供最好的资源配置条件,如人力资源、资本资源、知识资源、自然资源等。五是改革的支撑——要用"分工"来"安置人"。改革要能促进人与人之间的分工协作,提高绝大多数人的行为效率,使绝大多数人各得其所。由"大包干"发展起来的家庭联产承包责任制就是人本改革的成功事例。这个改革惠及当时中国人口的大多数——九亿农民,使农民有了收益分配权,符合"满足人"的要求;使农民不再从事无效率的集体劳动,有了生产自主权,符合"依靠人"的要求;所形成的分配制度(交够国家的,留足集体的,剩下的都是自己的)和生产经营制度(自主经营、自负盈亏、自主投资、自主发展),一方面充分激励了大多数农民的积极性和创造性,另一方面约束了农民自身的机会主义行为(如磨洋工、出工不出力等),符合用"制度""引导人"的要求;使农民积累了发展基金,开始大规模地置办农具,提高了自身的生产经营技能等,符合用"资源""装备人"的要求;还促使农民不断提高农产品商品率、开展兼业经营、发展乡镇企业、进城打工等,符合用"分工""安置人"的要求。

2. 敢于担当

万里曾经多次强调:农村改革之所以取得这样的成就,除了邓小平等中央领导同志支持和广大农民积极拥护外,还有一条就是得到了一批政治思想强,理论水平高,真正了解实际,敢于讲真话,坚持真理,敢于为人民利益而斗争的领导干部、理论家、科学家、作家和新闻工作者的坚决支持。改革攻坚,迎难而上,必须要有这样一批敢于为党的事业、人民群众的利益而担当的党员领导干部,以创业者的奋斗姿态推进新时代全面深化改革持续发展。

改革需党员领导干部勇于担当。改革的起步艰难,改革的历程艰难,步入深水区阶段的改革更加艰难。全面深化改革,需要我们继续攻坚克难，不断地啃"硬骨头"。比如政府机构改革，其实精简机构和合并机构只是政府机构改革的表象。政府机构改革的实质是转变政府职能，而转变职能的关键是增加政府的公共服务，也就是说减少政府官员的"权力性效用"，增加政府官员的"责任心成本"。无疑，这带有一定的革命性，会损害部分人的既得利益，比如垄断行业改革，改革开放已经40年了，但迄今为止，仍然存在一部分垄断部门和行业。其中，有些行业具有一定的自然垄断特性，有垄断经营的必要，而属于行政垄断和市场垄断的行业垄断则必须打破，这样才能促进不同行业的公平竞争。这些方面的改革，都会让一部分人的利益受损。改革进入深水区，迎来攻坚战，领导干部能否担得起改革重任，关键在于立场站在哪一边，是站在利益集团那边，还是站在人民群众这边；是站在部门、地区利益一边，还是站在全局利益和中国特色社会主义制度这边。2015年1月12日，习近平总书记在同中央党校第一期县委书记研修班学员进行座谈时指出："干部就要有担当，有多大担当才能干多大事业，尽多大责任才会有多大成就。不能只想当官不想干事，只想揽权不想担责，只想出彩不想出力。"敢于担当是中国共产党人的鲜明品格、政治本色，也是领导干部的基本素质。全面深化改革，要求领导干部必须敢于担当。

改革需党员领导干部诠释担当。面对这些难啃的"硬骨头"，我们还敢于像小岗人以及鼓励、支持、保护小岗人的党员领导干部那样冒着风险进行改革尝试吗？开始搞"包产到户"的干部没有想升官的，都准备被辞职。以万里当时的地位，显然还没有权力决定这些大政方针，他却以改革的名义，义无反顾地冲锋陷阵，保护并推广包产到户、包干到户；凤阳县委书记陈庭元在得知小岗的"大包干"后，当即斩钉截铁地表示："参加革命前，我不也是一个农民？现在只是比农民头上多了一顶乌纱帽。为了吃上饱饭，农民连命都不要了，我还要这乌纱又有什么意义？"①凤阳县马湖公社书记詹绍周，抱定了宁犯错误也不回头的决心，积极地推行包产到组；肥西县山南区委书记汤茂林，顶住了被人质问"率领十万群众向何处去"的压力，积极地推行包产到户。在包产到户的日子里，成批的干部坚

---

① 陈桂棣、春桃：《小岗村的故事》，北京：华文出版社2009年版，第86—87页。

持党的实事求是的思想路线,与广大农民站在一边,冒着很大的风险,支持这场改革。

40 年里,改革的环境发生了很大变化,那么,新时代的党员领导干部该如何担当呢? 2013 年 6 月 28 日至 29 日,习近平总书记在全国组织工作会议上强调:"敢于担当,党的干部必须坚持原则、认真负责,面对大是大非敢于亮剑,面对矛盾敢于迎难而上,面对危机敢于挺身而出,面对失误敢于承担责任,面对歪风邪气敢于坚决斗争。"面对大是大非敢于亮剑,就是在大是大非问题上要有正确的立场和鲜明的态度,尤其是面对否定共产党的领导、攻击社会主义制度的错误观点,党员领导干部应当敢于站出来表明自己的态度,并给予有理有据的正面回应,绝不能沉默失语、无动于衷、退避三舍;面对矛盾敢于迎难而上,就是遇到矛盾不怕事,碰到问题不回避。要敢于到矛盾多、困难大的地方去解决问题,到群众怨气多、意见大的地方去化解矛盾,到工作推不开、情况很复杂的地方去打开局面。面对危机敢于挺身而出,就是作为党员领导干部,关键时刻一定能够豁得出来、顶得上去,真正成为带领人民群众战风险、渡难关的主心骨。遇到紧急情况、突发事件、大灾难,不优柔寡断、躲闪回避、敷衍塞责;面对失误敢于承担责任,就是每个党员领导干部的肩上都有千斤重担,人人都有可能出现这样那样的失误。工作中出现失误并不可怕,可怕的是不能"思其过,改其行",不敢正视错误、承担责任。一个敢于担当的干部应当是一个敢于对失误负责的干部,是一个善于从失误中汲取教训、提升能力和修养的干部;面对歪风邪气敢于坚决斗争,就是面对各种歪风邪气,如慵懒散奢现象、纪律观念淡薄、生活糜烂、违法违规违纪现象,不能做八面玲珑的好人,要敢于较真、敢抓敢管。除此而外,敢于担当还表现在为敢于担当的下属干部撑腰鼓劲。一个重要的表现就是把敢于担当作为选人用人的重要导向,让那些有锐气、勇作为、敢担当的干部得到重用。用人导向的重要性不仅关系到一个干部是否被重用了,而且关系到其他人将会怎样去塑造自己。

(二) 主体上,必须继续尊重群众的创造

由小岗的"大包干"到家庭承包经营责任制的发展历程,不难发现,这

是中央和地方的改革者倾听农民诉求、尊重群众意愿的过程。最大的创造力在群众，全面深化改革，必须继续尊重群众的创造。这就要求我们，首先要坚定人民立场，其次要了解群众的需求。

1. 坚定人民立场

一些人历来有一种思维方式，就是把人和事分开对待，人是人，事是事，对人不对事，对事不对人。初听起来，好像这种思维方式不错。其实把人和事分开对待，实际上是把原本一个整体硬分成两半。比如，人们都说中国是一个轻商的国家，这种说法就很不符合中国的实际。中国是一个商业历史悠久的国家，唐、宋、元、明、清代都是商业发展发达时期，说中国轻商，怎么可能？但是中国历来客观上的确在轻商——轻视商人，鄙视商人。这种矛盾问题的答案就在于，人们都已把商人与商业分割了开来：从经济的角度去重视商业，认为无商不活，如果没有商业，人们的生活就如同一潭死水；从伦理的角度去轻视商人、鄙视商人，责备商人唯利是图，认为无商不奸。把职业同人格分割开来也表现在对待农业和农民问题上。中国封建王朝历来重农，所谓的重农，重的就是农业。因为农业是国家的命脉，农业赋税是国家财政的最大来源。在中国这样一个农业大国里，没有农业就意味着失去了一切，重农思想的落脚点正在此。但重农并不重视农民，作为中国最大数量的人群，农民经常受到轻视、歧视、鄙视。这种思维方式和观念意识并没有因为农民成为社会主义国家的主人就全部、彻底、干净地消失掉。当经济建设被摆放到十分重要的地位，一些受到传统思维影响极深的人，便会做出历史上曾有过的事情来，他们思想中对人的尊重，对农民的尊重，被置于脑后，或者根本就是不懂，不知道；或者懂了，知道了，就是不愿意去做。这些人不可谓不重农，他们重视农业，也重视农村工作，然而，在他们的农业和农村工作中却没有农民的地位。社会改革是一次社会选择，人们总是按照自己的价值观念、道德观念和物质利益原则对改革进行选择。成功的改革是民众的事业，人民选择什么，什么样的改革就会成功。过去，我们在选择农村合作制的模式上，口头上虽然说要相信和依靠群众，但实际上却是把领导认定了的模式强加给群众，又采取行政命令的办法加以推行。作为一个无产阶级政党，任何时候都不能忘记群众路线，不能无视群众的意志和创造。在通常情况下,客观规律往往会通过群众的意见和创造活动表现出来。尊重群众的意志和创造与尊重历史唯物论、尊重客观规律是一致的。在农村改革的起步阶段,广大农民通过自身的实践,在否定了"一大二公"体制的弊端以后,不仅创造了"大包干"这种"直来直去不拐弯"的责任制主体形式,相应地也创造了经济合同制和干部岗位责任制。我们尊重了群众生气勃勃的创造精神,尊重了农民对各种模式的自由选择,并通过调查研究加以总结推广,进而形成一系列完善责任制的配套政策。对此,万里指出:"农村第一步改革为什么能成功? 主要是因为一系列政策反映了农民的要求,代表了农民的利益,使农民有了自主权,提高了积极性。……这些新的农村政策又是从哪里来的? 难道是我们几个中央领导同志,我们的省长们、书记们发明的吗? 这里面当然有党的集体智慧,各级党政领导确实做了大量概括和提高的工作。而更重要的,却是亿万农民的实践,亿万农民的创造。"①

　　党员领导干部必须时刻清楚,人民群众是中国共产党的力量之源,我们在任何时候都要把群众放在心中最高的位置。关于农民、人民群众的历史境况,李瑞环的话给我们深刻警醒。他告诫我们:群众最可敬,群众最可爱,群众最可怜,群众最可畏。说"群众最可敬",是说他们是历史的主人,历史上一切大的进步无一不是人民群众的功劳;说"群众最可爱",是说他们干的事很多,要求却不高,中国老百姓有什么了不起的要求呢? 能够吃上猪肉就高兴得不得了;说"群众最可怜",指的是群众是最艰苦的,我们的决策出现失误,后果谁来承担呢,最终还是群众吃苦头;说"群众最可畏",是说如果真把他们得罪发怒了,不管什么人都得垮台,"怨不在大,可畏唯人;载舟覆舟,所宜深慎",这是封建时代政治家都懂得的道理。② 革命和建设需要尊重群众的创造,改革同样需要尊重群众的创造。"改革需要领导人的信念、勇气、魄力、坚毅,更需要马克思主义的立场、观点、方法。这方法就是毛泽东早就强调过的群众路线的方法,也就是坚持从群众中来、到群众中去;坚持先做群众的学生、再做群众的先生;坚持实

① 《万里文选》,北京:人民出版社 1995 年版,第 447 页。
② 李瑞环:《学哲学,用哲学》(下卷),北京:中国人民大学出版社 2005 年版,第 498—499 页。

践、认识、再实践、再认识；坚持实践证明是正确的东西，改正实践证明是错误的东西；不断有所突破、有所改进、有所发展、有所创造。"①只有这样，才算是坚定了人民立场。正如习近平总书记在 2016 年 7 月 1 日庆祝中国共产党成立 95 周年大会上的讲话中所强调的："人民立场是中国共产党的根本政治立场，是马克思主义政党区别于其他政党的显著标志。"党与人民风雨同舟、生死与共，始终保持血肉联系，是党战胜一切困难和风险的根本保证，正所谓"得众则得国，失众则失国"。

2. 了解群众需求

有人说"摸着石头过河"过时了，现在流行顶层设计。"石头是什么？就是实践，就是群众，就是群众的实践或实践中的群众"，②"摸着石头过河""就是要到实践中去摸群众的意愿、群众的要求"③。顶层设计的最终目的是什么？是人民群众的利益。由此可见，"摸石头"是科学顶层设计的前提。"摸石头"永远不会过时，我们不能因为频繁地更换新词汇而忘记了根本。"摸石头"就是了解群众的需求，而了解群众的需求，不单单是了解群众的现实需要，更要重视群众对发展的思考。在政策的反馈上，要善于发现群众实践的新生长点，并义无反顾地给予支持，实现新的突破，发现并肯定群众的首创，既需要领导者具有机敏的洞察力，也需要勇气。1979 年 6 月，在五届人大二次会议期间，万里专门找陈云商量，说我那里已经搞起来了，怎么办？陈云说我举双手赞成。以后，万里又同邓小平讲，邓小平说不要争论，你就这么干下去，就实事求是地干下去。真理的魅力在于创新，群众的创造是无止境的，支持群众的创造精神，不仅是对过去错误模式、错误政策的冲击，也是对现行的模式、政策的探索和突破。广大群众在实践的第一线，政策与他们的切身利益休戚相关。他们首先感受到政策的好处，也首先感受到客观实际的变化和政策的不足之处。他们必然会在自己力量的范围内，自发地采取各种对策，以适应变化了的情况。因此，在他们的各种对策中，就存在着合理的内核和新政策的萌芽。领导者的责任，就是从中汲取丰富的营养，把他们那些朴素的创新的

---

① 吴象：《中国农村改革实录》，杭州：浙江人民出版社 2001 年版，第 137 页。
② 吴象：《中国农村改革实录》，杭州：浙江人民出版社 2001 年版，第 74 页。
③ 吴象：《中国农村改革实录》，杭州：浙江人民出版社 2001 年版，第 74 页。

东西提高到理论的、政策的高度。

这里值得一提的是,1980年秋滁县地委肯定和支持嘉山县桥头公社6户农民兴办的全区第一个经济联合体——"粮棉联合加工厂"的决策。当时,大包干到户责任制在全区刚刚全面推开。要不要鼓励联合?如何实现联合?许多同志一时拿不定主意。而当时桥头公社党委则干脆加以限制,认为"刚刚闹着单干(实行家庭联产承包),又闹着联合是胡闹"。于是,6户农民联名写信给地委。这是又一个深化改革的契机。滁县地委经过实地调查,给予了充分的肯定和支持。在第一个经济联合体的影响下,这个公社仅半年多时间,加工、服务、建材、运输、养殖、植保等多种联合体就发展到1186户,占全乡农户总数的63.8%。这种农户间的经济联合,后来很快发展为城乡广泛的横向经济联合。1981年8月6日,人民日报对此作了报道,并在编者按中指出:这样的联合经营,发挥了包干到户的长处,适应了劳动分工协作的需要;有利于安排剩余劳力,使技术能手人尽其才,逐步向专业化、社会化方向发展。这个事例表明,了解群众的需求,就要深入基层、深入群众做调查研究,使调查研究成为一种新常态。1930年5月,毛泽东就提出"没有调查就没有发言权",如果不去调查,则官越大,真理越少。何谓调查研究?调查,就是要了解群众最关心的是什么?最需要帮助的是什么?最希望干部做什么?研究,就是搞清楚如何将农民之"最"变成政府之"最"!但是,调查研究不是一个简单地到基层和群众中获得情况的过程,而是一个贴近群众,倾听群众,同群众平等交流的过程。习近平总书记就多次强调:不做正确的调查研究同样没有发言权。因此,在调研中,首先,要注意同群众接近的方式。周恩来在调研中,就完全把自己融于群众之中。在工厂,同工人一起排队买饭;在农村,和农民同吃一锅饭;在工地,和民工一起席地而坐,一口白水一口干粮。正如习仲勋曾多次跟调查组的同志讲的:下去搞调查要真正能够放下架子,给农民讲话要深入浅出,要让农民听懂,不要打官腔,群众要求急需解决的问题你要真心实意地去办……这样,群众才会把你当成自己人,把你当成自己人,才会向你说出真心话。其次,不要习惯于提前指定的调研路线。万里"为了对安徽的农村工作有一个初步的了解……从淮北到皖中,再到江南,事先不打招呼,说走就走,随时可停;

每到一地，一竿子插到村，访到户。前后跑了二十多个市县，他一不开会，二不作任何指示，只是看，只是听，只是问"。① 回到合肥后，他在会议上推心置腹地说："中国革命在农村起家，农民支持我们。母亲送儿当兵，参加革命，为的是什么？一是为了政治解放，推翻压在身上的三座大山；一是为了生活，为了有饭吃。现在进了城，有些人把群众这个母亲忘掉了，忘了娘了，忘了本了。我们一定要想农民之所想，急农民之所急。"②正确的调查研究不是下去开开会、走个秀，而是要脚踏实地地去同群众深入交流，只有这样，才能听到真声音，这样的声音才是中国好声音。

（三）主导上，必须继续践行"关键少数"的引领

"大包干"既源于群众的敢闯敢干，也源于邓小平、万里等一大批党员领导干部的关键引领。实现关键少数的引领是铁一般干部的立身之本。然而，实现关键引领，不仅要靠权力，更要靠能力。最重要的能力就是实事求是。什么是实事求是？毛泽东在《改造我们的学习》一文中说，"'实事'就是客观存在的一切事物，'是'就是客观事物内部的联系，即规律性，'求'就是我们去研究"。然而，真正做到实事求是很难！首先，"实事"很难把握，它不是一种存在，而是一种存在方式，也就是说"实事"是一种动态的存在。"实事"是不断变化的，所以，我们不能当摄影师。思想要与环境相匹配，环境变了，思想没跟上，就是僵化，就是落后。其次，实事求是在不同时期的具体内涵、针对性、重点有区别。毛泽东提出的实事求是主要是针对王明的教条主义，所以他的重点是实践观；邓小平提出的实事求是主要是针对个人迷信、"两个凡是"，所以他的重点是解放思想。再次，实事求是还难在求的是规律。规律要在实践过程中充分展开或反复展开后才能被发现，而现实又不允许等，不允许复盘。最后，实事求是难在求的是人，最终要解决人的问题。做到实事求是很难，因为有很多阻力！如果克服了这些阻力，就会做到或接近实事求是。

---

① 陈桂棣、春桃：《小岗村的故事》，北京：华文出版社 2009 年版，第 5 页。
② 《万里文选》，北京：人民出版社 1995 年版，第 102 页。

1. 克服无知阻力

无知,是对某一特定事物缺乏相关的知识。这种人办起事来小则牛头不对马嘴,离题太远,大则损害党和群众的利益。克服无知阻力,至少要做到两个基本要求:第一,对党的理论、路线、方针、政策以及专业知识熟知。中国共产党依靠学习创造历史,也依靠学习走向未来。党员领导干部一定要提高学习本领,学习本领高,执政水平才会高。不学习,就会闹出笑话,损害我们在群众心中的公信力。据报道,2014 年,在湖南省衡东县大浦镇,300 多名儿童被查出血铅含量超标,村民怀疑与村口一家生产电锌的化工厂有关。但当地官员称,超铅原因不能确定,嘴里咬铅笔"也可能超铅"。此言一出,舆论哗然。铅笔由石墨而非铅制成,这是科学常识。2013 年 9 月 27 日晚,湖北黄冈电视台搞了个"百姓问政"直播,特别邀请了 6 位卫生系统的官员答复百姓的疑问。主持人为了预热,开场就积极抛出一道常识题,"住院患者'一日清单制度'是哪一年要求执行的?"可是,这个基本常识出乎意料地难倒了六个"一把手",竟然有三个人回答错误。克服无知阻力,首要问题就是学习,尤其是要学懂、弄通、做实党的理论、路线、方针、政策。第二,善于思考,增强辨识能力。小岗农民冒着风险按手印的一个重要原因就是高度计划的人民公社体制,这种体制难以突破的原因在于当时的大多数人不知道什么是社会主义,怎样建设社会主义。安徽庐江县与搞"包产到户"试点的肥西县水连水,地连地。面对肥西的包产到户,该县县委书记在干部会议上宣称:"庐江县要搞'包产到户',除非我县委书记不干或者把我撤掉。""谁搞包产到户,就以破坏生产论处,逮捕他。""你们要搞'包产到户',可以搬到别的地方去搞,我们这里不能搞。"并且自封庐江县是"坚持马列主义县",要与"修正主义县"划清界限。该书记与当时很多人的反对理由是"'包产到户'调动的是农民的个体生产积极性,不是社会主义生产积极性"。① 难道广大农民的积极性不是社会主义积极性? 这个最基本的问题没有搞清楚,有何理由反对"包产到户"? 当时,对于安徽的改革,一位退休老干部指责万里说:"你还要不要社会主义?"万里回答:"我要社会主义,更要人民群众,社会主义

---

① 李锦:《大转折的瞬间——目击中国农村改革》,长沙:湖南人民出版社 2000 年版,第 86 页。

要让广大群众吃饱饭。"这话很朴素,但内含马克思主义真理。辨识能力对党员领导干部来说很重要,我们要旗帜鲜明讲政治,但要具备讲政治的具体能力,不能天天喊口号;我们要进行伟大斗争,但一定要进行正确的斗争,不能盲目乱斗。

2. 克服实践阻力

在主观认识和客观真理之间隔着一条河流,实践就是渡河。火候不到肉不烂,挖地不深水不现。这不以人的意志为转移,必须继续实践,等待瓜熟蒂落。不能犯急躁病,不能妄图缩短甚至跨越实践。盲目跨越它,就会带来麻烦。"大跃进"就是急躁病的体现。当时,一些离奇荒诞的"卫星田"也不断升空。以水稻为例,安徽繁昌县亩产 21537.5 公斤,湖北麻城县亩产 26299.5 公斤,四川郫县亩产 41262.5 公斤,广西环江亩产竟达65212 公斤。根据当时各地报纸的粮食产量,全国竟达一万多亿斤,而2015 年 12 月 8 日,国家统计局发布的数据显示,2015 年全国粮食总产量62143.5 万吨(12428.7 亿斤)。一万亿斤粮食在当时来讲真是太多了,粮食太多,怎么办?"公共食堂,吃饭不要钱,就是共产主义。"①然而,公共食堂暴露了当时的真实情况! 开始还能吃上肉、菜、粮食等,后来粮食没有了,就吃野菜。"吃野菜吃多了,都饿得脸呈菜色,嘴唇发紫,患了青紫病。没有一点油水,肛门脱落,大便解不下来。"②人民公社制度本身有其不合理的方面,但是,当时我国之所以出现那么大的危机,与急躁冒进关系很大。现在,一些地方领导干部为了政绩,仍存在急躁冒进、跨越实践的做法,如有些地方的"新农村建设'高速度'进行",有些学校的"科研重'数量',唯'期刊',不重实效",速度很快,但实效甚少,这值得我们思考。

3. 克服权威阻力

权威在这里主要指三方面,即"上级"、"书本"、"自己"。"不唯上":有人认为,凡是职务比自己高、权力比自己大的人说的都是对的,一味顺着上级意志行事。尽管"下级服从上级"是我党统一的纪律和规矩,但这种"领导怎么说,我就怎么干"的做法,与实事求是精神相背离,是不可取的。

---

① 薄一波:《若干重大决策与事件的回顾》(下卷),北京:中共中央党校出版社 1993 年版,第742 页。

② 李锦:《大转折的瞬间——目击中国农村改革》,长沙:湖南人民出版社 2000 年版,第 17 页。

因为,上级的指令与基层的具体实际相比,是相对宏观、原则的,不可能考虑到基层的所有情况。如果对上级指令和决定唯命是从,不顾本地、本部门、本职岗位的实际情况,很多好政策在基层就会出现"水土不服",不但不能让群众得到实惠,还会带来损失。在农村改革初始阶段,万里就如何正确对待上级指示强调:"中央文件的基本精神,就是要千方百计地加速生产的发展,这个基本精神是必须坚决贯彻执行的。但是,在贯彻执行中,如果发现其中某些具体规定,以至整个规定与实际情况明显不符,或者不适合那里的实际情况时,究竟是从实际出发,实事求是,还是生搬硬套? 这对每个同志的政策水平、政治思想水平,是个很大的考验。如果不管实际情况如何,都照搬照套中央文件和上级指示,那还要你这级领导干什么?"①"正确对待中央和上级指示的原则,应当是从实际出发,实事求是;对不适合本地区情况或无法执行的,要讲明情况,说明原因,提出意见,报告上级组织。如果上级组织不同意我们的意见,我们可以保留,但在行动上要坚决服从上级党组织的决定,本着这个原则来处理问题。我们这里出现联产承包责任制的情况,我已经向中央报告了,并且提出了我们的意见。邓小平同志同意我们的意见,叶剑英同志也同意,并强调要从实际出发。"②"不唯书":古语说,书犹药也,善读可以医愚。的确,好的书籍蕴含着前人创造的有益成果和成功经验,是后人学习借鉴的宝贵财富。对实事求是来说,无知是阻力,已有的知识和理论有时也会成为阻力。只要是书本上有的、前人说过的,就视为永恒真理,不敢有丝毫质疑,也是违背实事求是精神的。邓小平在南方讲话中就指出:"实事求是是马克思主义的精髓。要提倡这个,不要提倡本本。我们改革开放的成功,不是靠本本,而是靠实践,靠实事求是。"③时过境迁,斗转星移,过去合理的现在不一定合理,过去有效的现在不一定有效,该修改的一定要修改,该废除的一定要废除。要科学借鉴书本知识和前人经验,敢于冲破思想观念障碍。"不唯己":人非圣贤,孰能无惑? 每个人都有自己的"视觉盲区",如果一味以自己为"圆心"来看问题,得出的结论就可能不够全面,甚至是错误

---

① 《万里文选》,北京:人民出版社 1995 年版,第 113 页。
② 《万里文选》,北京:人民出版社 1995 年版,第 114 页。
③ 《改革开放三十年重要文献选编》(上),北京:人民出版社 2008 年版,第 2 页。

的。"诸葛亮挥泪斩马谡"就是"唯己"的典型。诸葛亮派马谡镇守街亭，马谡自恃才高，骄傲轻敌，把诸葛亮的指令抛诸脑后，自作主张地部署大军。即使手下几次三番善意劝解，仍然发出"马谡通晓兵法，世人皆知，连丞相有时得请教于我"的傲言。马谡这样自以为是、擅作主张，最后致使街亭失守，自己也丢掉了性命。在实际工作中，党员干部决不能凭自己的主观想象作决策、出主意，靠经验定项目，要集思广益。总之，不唯上、不唯书、不唯己，才能做到实事求是。

4. 克服利益阻力

利益阻力有两种情况，一是一项本来实事求是的政策，侵犯了某一阶层某一集团的利益，遇到客观阻力，难以推行。二是明知这件事会侵犯大多数人的利益，但考虑到某集团或自身利益，昧着事实或良心有意不去实事求是。历史上所有进步的改革政策的推行都遇到了阻力。商鞅变法，侵犯了奴隶主贵族的利益；雍正王朝实行的改土归流和摊丁入亩，侵犯了大地主阶层的利益。我们实行土改侵犯封建地主阶级利益，西藏和平改革侵犯上层奴隶主集团利益等。这些人的利益该不该侵犯，该不该剥夺呢？应该！因为保护他们的利益就妨碍历史的进步。但是这些都遭到激烈的对抗，使改革在艰难中推进。这种利益的博弈也在考验着我们。在全面深化改革进入攻坚阶段，干扰改革推进的"中梗阻"、"肠梗阻"不会少，但尤其需要下力气溶解的是集团式"中梗阻"。这样的"中梗阻"大概可分为四种：政商联手，动摇干扰改革的顶层设计；本位主义，搞选择性落实、象征性执行，甚至利用手中权力直接设障阻挠改革推进；为官不为，消极抵制，甚至借改革之名直接侵害群众利益；群体性盲动，甚至借虚假"民意"破坏改革环境。只有拿出"壮士断腕"的勇气，为了人民群众的利益，勇于破除阻碍改革进程中的"利益"阻力，才能够将改革向纵深推进。

小村庄体现大文化。小岗"大包干"拉开了中国农村改革的序幕，它是人民群众、地方政府、中央三者合力的结晶，它是改革的勇气、胆识与智慧的融合，它是在中国共产党领导下群众艰辛探索的结果。过去40年来，我们通过改革开放取得了辉煌成就，关键原因就在于始终坚持加强和改善党的领导，积极应对在长期执政和改革开放条件下党面临的各种风险考验，持续推进党的建设新的伟大工程，保持党的先进性和纯洁性，保持党同人民群众的血肉联系。我们积极探索共产党执政规律、社会主义建设规律、人类社会发展规律，不断开辟马克思主义中国化新境界。我们坚持党要管党、从严治党，净化党内政治生态，持之以恒正风肃纪，大力整治形式主义、官僚主义、享乐主义和奢靡之风，以零容忍态度严厉惩治腐败，反腐败斗争取得压倒性胜利。我们党在革命性锻造中坚定走在时代前列，始终是中国人民和中华民族的主心骨！

父辈们的"红手印"

我叫关正标,我于 1976 年出生于安徽省凤阳县小岗村,1997 年考入合肥工业大学,就读于财政专业,2004 年至凤阳县委党校就职,现在是安徽小岗干部学院的一名教员。我的父亲叫关友江,他是 18 位大包干带头人之一、当年小岗村"红手印"事件的亲历者。40 年前小岗 18 位农民的"红手印"让小岗成为中国农村改革的主要发源地。2016 年 4 月 25 日,习近平总书记视察小岗村时指出:"在小岗村'大包干'等农业生产责任制基础上形成的以家庭承包经营为基础、统分结合的双层经营体制,是我们党农村政策的重要基石。"2018 年 12 月 18 日,党中央、国务院授予农村改革的先行者——小岗村 18 位大包干带头人改革先锋称号,颁授改革先锋奖章。事迹介绍是这样写的:1978 年冬,安徽省凤阳县小岗村 18 户农民,以敢为天下先的精神,在一纸分田到户的"秘密契约"上按下鲜红的手印,实行农业"大包干",从此拉开我国农村改革的序幕。这 18 位带头人的"红手印"催生了家庭联产承包责任制,并最终上升为我国农村的基本经营制度,彻底打破"一大二公"的人民公社体制,解放了农村生产力,使我国农业发展越过长期短缺状态,解决了农民的温饱问题。大包干契约作为改革开放珍贵文物,陈列在国家博物馆,彰显了小岗村作为我国农村改革的主要发源地和中国改革标志的历史地位。

一、"红手印"前的小岗往事

小岗,位于安徽省凤阳县东南 26 公里处,因地貌起伏不大,故名"小岗"。"小岗"之名,到 1955 年这里成立互助组时才有此称谓。在此之前,

"小岗"称"大严"。1978年的小岗村称小岗生产队,简称小岗队,相当于今天的小岗村民组。

(一)"当家做主"吃陈粮

中华人民共和国成立前夕,这里有严姓17户、关姓7户,共24户,约140人,有500余亩地,10头耕牛,有犁耙等大型农具10张。全队除了几人读过私塾外,其余全是文盲。中华人民共和国成立后的头7年,小岗的经济得以较快发展。1951年土改后,全村24户,145人,18犋牲畜,13张犁耙,500亩耕地。到1955年,34户,175人,30犋牲畜,1100亩耕地。到1955年底,除成立一个4户的互助组外,其余30户均保持"单干"状态。小岗的粮食每年一季水稻一季小麦,正常年景里,小麦亩产50斤,水稻亩产150斤。除去自然灾害因素,每亩土地每年收粮食平均都在150斤以上。土改后的小岗人摆脱了旧社会封建压迫与剥削,生产发展很快,每年的产量都能维持在18万—19万斤,好的年成在20万斤以上。这个时期,每年都能卖给国家4万—5万斤粮食。

小岗人将"盖新房、娶新娘、穿新衣、吃陈粮"视为新生活的标志,今天看来,虽然当时的新屋不过是用泥巴、山草垒砌的低矮狭小的小茅屋;虽然当时的衣食,只不过是一日三餐、一干两稀、常年素食的生活水平;虽然当时的劳动完全是手工操作,在贫瘠的土地上含辛茹苦地耕作着,用汗水来换取为数不多的衣食。但是翻身当家作主的政治环境和社会环境与中华人民共和国成立前的生活水平相比,是有着天壤之别的。

(二)"加入公社"饿断肠

1955年下半年起,高级社被引进小岗。小岗取消了土地报酬,社员土地无代价地转归集体所有,实行了土地、耕畜、大型农具等主要生产资料公有制。高级社在有计划分工协作的基础上,组织社员集体劳动。集体劳动的产品由高级社统一分配。在缴纳农业税,完成国家统购任务,扣除其他所有费用后,剩余部分通过按劳分配的原则,采用劳动工分的形式进行分配。在小岗人加入高级社的动员大会上,凤阳县小溪河区黄区员说:"共产主义是天堂,农业合作化是桥梁,只要你们跨过这座桥,就可以上天堂。"1956年春天,那些在土改中分得土地的雇农、贫农、佃农们先入了大社。对于不愿入社的农民,工作组最终采用强迫的方式代替说服动员,方式有三:第一种方式,凡是不愿入社的农民,是团员的要开除团籍,是贫下中农的要提高成分,凡是贷过款的要立即归还贷款;第二种方式,采取开会"熬鹰"的办法,凡是不同意入社的农民站着听会,不准离开会场回家吃饭,在会场上不准睡觉,不少社员熬不过去就入了高级社;第三种方式,强制拉走耕牛,再割掉他们地里刚刚成熟的庄稼,并以按地亩征收种子为名抬走他们大部分粮食。1956年午季后,小岗人最终都入了高级社。因为小岗人大多没办过互助组,也没办过初级社,小岗被称为"从单干一步登天堂"。小岗人入的是顾庙高级社。顾庙高级社起初实行"集中经营,集中劳动,统一分配"的生产经营方式,后又改为"三包一奖生产责任制",即包产、包工、包费用、超产奖励。以自然队为单位,把"产量、农活、费用"包给生产队,年终分红时,实行"超产奖励,减产赔偿"的制度。小岗只有完成任务的义务,没有经营上的自主权。小岗地多人少,单位面积产量很低,1956年收了16.5万斤粮食,虽接近常年的生产水平,但由于亩产未达到高级社规定的指标,"三包"未完成,"一奖"也就得不到了。如此一来,耕地多了反倒成了小岗的累赘。小岗农民创造的一部分价值通过全社统一分配,转移给了其他生产队。1955年以前,小岗人均收入为80元,而1956年的高级社分配了55.5元。对高级社的不满情绪最终影响了生产积极性,1957年秋季全队只收6万来斤水稻。

1958年,小岗人加入"卫星人民公社",土地、牲畜、林木大农具等全部无代价地转归人民公社所有,而且每户社员的自留地、家庭副业也统统交给公社。分配上主要采取平均主义形式的供给制和工资制,社员吃饭不要钱,到公社大食堂吃大锅饭。日常所需的鞋袜、毛巾等由社员凭公社发放的存折到公社门市部选购。上学、就医、理发、洗澡等,也一律到公社开办的单位免费享用。一夜之间成立的"卫星人民公社",要办工业,盖办公室、建学校等等的开支全要从所属各大队、生产队的社员头上强行调拨。卫星人民公社按照"组织军事化,行动战斗化,生活集体化"的要求,将全社按部队编制,组成团(公社)营(大队)连(生产队)排班等军事化组织。这些组织既是民兵组织,又是生产劳动组织。1959年夏,公社抽调千人到花园湖去栽秧,大包干带头人关友申被列入抽调名单。小岗距离花园湖20多里的路程,从集中人马到赶往目的地,整整花去两天的时间。到了花园湖,安家用了一天,口粮未送到,饿着肚子睡了一天,真正栽秧只用了半天。由于地未犁好,关友申就把秧苗插进草丛里,算是完成任务。返程回小岗又用了两天,往返几天,仅干了半天无用的活。

(三)"实行责任田"盖新房

自1960年起,经过两年的不断修正、完善,并在党的八届十中全会上通过的《农村人民公社工作条例(修正草案)》(简称六十条),与人民公社化运动时期的政策相比,有了明显的改善,尤其是关于对家庭副业和自留地的规定,"社员的家庭副业,是社会主义经济的必要的补充部分,允许和鼓励社员利用剩余时间和假日,发展家庭副业",并规定,自留地长期归社员家庭使用,自留地的农产品,不算在集体分配的产量和口粮以内,国家不征公粮,不许统购。此时的小岗人每人分了5分自留地,这为改善生活留了点余地。1961年9月,凤阳县委下达《关于试行田间管理责任制加奖励的办法》。1962年,"责任田"在小岗开始实行。尽管耕牛奇缺,但小岗人用锄头在荒地里刨出坑,种上粮食,当年就能吃饱肚子了。该制度核心内容是:定产到田,包工到户。"责任田"被小岗人称为救命田,这让小岗的基本情况大为改善,农户通过自己的辛勤劳作让家中有了结余。严家其在自留地里种了一季水稻,年终收了3000斤水稻;关庭珠在自留地上收的粮食,全家人均200斤;严家太买了两头猪,种了几亩山芋,秋后收的山芋既解决了人的口粮,又解决了猪的饲料,卖了猪后还交齐了生产队的透支钱;一直漂在他乡的严立华听说小岗有了活路,从清塘回到小岗生产队,通过自己辛勤的劳动盖起了三间草房,1978年举世闻名的红手印就是在这里产生的。

(四)"工分固化"开吃救济粮

好景不长,1962年1月召开的七千人大会结束后,"责任田"被定性为单干风,犯了方向性的严重错误,是走资本主义、修正主义道路。小岗人颇为留恋的"责任田"于1963年5月份被"纠正"。此后,小岗采用的是死分死记评工记分的方式:首先根据每位社员的年龄、体力强弱、技术高低,评定每位劳动力的等级,然后评定不同等级劳动力一天应得的工分,最后以这个工分作为底分,每出勤一天,按底分记工分。社员达到18周岁以上,身体健康者,每个工作日10工分。这里没有采取多劳多得的分配原则,造成了"干多干少一个样"、"干好干坏一个样"平均主义的出现。这种分配方式严重挫伤了小岗社员的生产积极性,损害了生产效率。小岗人因此编了个顺口溜"迟出工,早上工,到了田里磨洋工,反正记的一样工","七千分,八千分,不如老母鸡窝里蹲"。如此一来,小岗队集体收入是一年不如一年,社员生活十分贫穷。

关于乞讨,自打明朝开始,小岗所在的凤阳县就因为凤阳花鼓已经名闻天下:"说凤阳,道凤阳,凤阳本是好地方。自从出了朱皇帝,十年倒有九年荒。大户人家卖骡马,小户人家卖儿郎,奴家没有儿郎卖,身背花鼓走四方。""文革"后也有段改编版的凤阳花鼓:"说凤阳,道凤阳,凤阳是个好地方;多少年,多少代,身背花鼓走四方。哪知出了'四人帮',凤阳花鼓遭了殃,砸了鼓,摔了锣,偷偷摸摸下南乡。"这段凤阳花鼓唱出了凤阳当时的实情,小岗队的情况则有过之而无不及。

在过去的二十多年里,尽管小岗生产队几乎处于"小岗家家穷光蛋,碌子一停就要饭"的状态,但是小岗群众对党和政府还是充满感激之情。大家几乎异口同声地说:"凭良心,这些年也亏着政府。"事实确实也如此。1962年到1978年17年中,全队每年分配的口粮每人只有一二百斤,生产、生活主要靠政府救济支持。从高级社以来,国家给这个队贷款15632.28元,无偿投资2425元;从1966年到1978年13年共156个月中,吃国家供应粮的有87个月,共吃供应粮228000斤,占这13年总产的65%,占集体分配口粮总数的79%;给生救款、社救款15000元,占社员分配总额的54%;供应各类种子65000多斤。10头牛以及犁耙等农具都是国家花钱买的。"农民种田,国家给钱,缺吃少穿,政府支援"是当时小岗的真实写照。

二、"红手印"诞生的历史叙事

小岗人对政府的恩情念念不忘,同时,不少老农看着荒地大片存在,又不无感慨地说:"我们都是庄稼人,种了一辈子地,看到长庄稼的地大片地荒着,心里像油煎的一样。我们种田人不交一粒粮,却常年吃着国家供应的粮食,感到有愧。我们也知道怎么干能多收粮食,但是政策不许啊!"

(一)"红手印"诞生的政策契机

1977 年 6 月 22 日,万里任中共安徽省委第一书记,经过三个月的调查研究,制定了省委《关于当前农村经济政策几个问题的规定(试行草案)》,并于 11 月 20 日以省委文件的形式下发。该政策突破了当时的许多禁区,如自留地和家庭副业,过去是要割掉的"资本主义尾巴",现在要"鼓励";以前生产队没有生产自主权,现在提出要"尊重"生产队的生产自主权;在劳动计酬上,对少量农活可以实行定额计酬。

时任凤阳县委书记的陈庭元,认真积极贯彻该文件,在全县农村广泛推行"一年早知道"(在一年开头,把生产队的各项生产的收入、支出、分配计划交给群众讨论,使人人都知道)和"一组四定"(一个生产队分为若干个临时性和专业性的作业组;对作业组实行定任务、定时间、定质量、定分工)。在 1978 年 7 月 19 日,万里来凤阳检查工作,陈庭元将马湖公社实行的"联产计酬"责任制向万里作了汇报。1978 年 10 月,万里为了参加十一届三中全会,准备了一份《农业上需要解决研究的几个重大问题》的材料,在这份材料中,马湖公社的"分组作业,以产定工"作为唯一成功的例子,上报给党中央。十一届三中全会出台的《中共中央关于加快农业发展若干问题的决定(草案)》,吸收了万里上报材料的意见。

1978 年,安徽大旱,凤阳县是重灾区,为了救灾济民,安徽省委于 9 月出台规定:集体无法耕种的土地,可以借给社员耕种,谁种谁收,国家不分配征购任务;从集体地中每人借一分地种菜(实际上是种粮食)渡荒。安徽省委这一决定和马湖公社的"联产计酬"生产责任制在凤阳农村的推行,对小岗实行包干到户有着十分重要的启示作用,因为小岗的大包干到户正是源于凤阳的大包干到组,是包干到组这一做法中孕育出的一个更加伟大的新生事物。

(二)小岗农民的"分组"探索

1978 年是个大灾之年,省市县为了组织生产自救,在政策上有了松动。当年秋天,小岗的 20 户人家共计 115 人,被公社分为两个作业组,实行的责任制是包干到组。但是此时的小岗生产队的三个领导根本无法协调两个组的内部矛盾。队长严俊昌,副队长严宏昌和会计严立学在商议之后,到公社请示公社书记张明楼,要求把作业组再分小些,张明楼在农村工作了几十年,对于农民生活的困苦十分了解,更知道小岗松散习惯了的实际情况,于是破例将小岗队分成四个组。谁知刚分没几天,各组内部又闹得不可开交。原因很简单:组越小,每个社员在记工、出勤上谁吃亏,谁占便宜,看得更清楚,每家每户之间的利益冲突更明显。过去是队里社员之间搞,现在是在小组内部的兄弟、妯娌们闹。队里干部整天忙于调解 4 个小组的内部矛盾。

小岗人在执行相关政策时发现,上面那些看似有着巨大利好的政策却激化了各家各户的固有矛盾,生产队操作起来却十分困难。三个队干部对自己所在的作业组中的矛盾也都一筹莫展,小岗的社员们对此也全都不知所措。眼瞅着各组的矛盾日益不利于生产作业,队领导班子召集社员在严学昌家开会研究对策,无奈之下小岗人瞒着公社从 4 个作业组分为 8 个作业组。

第一组:严立富、严立华(兄弟俩);第二组:严国昌、严立坤、严立学(父子仨);第三组:严家芝、严金昌、关友江(关友江为严家女婿);第四组:关庭珠、关友章、关友德(叔侄仨);第五组:严宏昌、严付昌(兄弟俩);第六组:严家其、严俊昌、严美昌(父子仨);第七组:韩国云、严学昌(邻居);第八组:关友申、严国品(邻居)。

从分组的情况来看,这八个组大多是"父子组"、"兄弟组"。对于不了解小岗情况的人可能会觉得,各组成员都是自己家里人了,这下子不应该有矛盾了吧。但是,自从进入高级社以后,小岗人被"阶级斗争"搞得六亲不认了,亲人之间"势不两立"的情况十分普遍。所以,即便如此分法依然无法改变小岗人"爱捣"的习惯。就拿副队长严宏昌所在的第五组来说：严宏昌家六口人，有两个劳动力，弟弟严付昌家八口人，有四个劳动力。严宏昌提出采用生产队记工分的方法，分配时采用"劳三人七"的方法，即工分占三成、人口占七成。但弟弟严付昌劳动力多，这样分配自然吃亏，提出全凭工分，不凭人口。这个矛盾光凭队里就无法调和。再比如生产队长严俊昌所在的第六组：父亲严家其带着小儿子共三口，大哥严俊昌夫妻俩带8个孩子共10口，弟弟严美昌全家5口。严美昌首先提出：哥哥事多，虽然孩子众多，但是能干活的却不多，这样不公平。于是整日闹着要分开，并对干部们说：三户一组两户捣，还有一户无法搞！面对各个小组不断暴露出来的生产矛盾和家庭纠纷，三个队干部也深陷其中。

（三）石破天惊的秘密会议

无论如何，小岗各户不是近邻就是近亲，且各户户主有老有少，老的如严家芝、严家其、关庭珠、严国昌等老人，不仅是小岗各个家庭的长辈，更是小岗人的意见领袖，加上严家芝、关庭珠和严国昌三人不仅是亲戚更是左右邻居，平日里可以说是无话不谈。在集体作业时、在乞讨过程中稍有闲暇，小岗这帮老少爷们就会聚在一起话家常，谈过往，一起回忆建国初期的单干时的黄金岁月，回忆自打入了高级社以来的艰难困苦。对于该如何才能干好农业生产吃饱肚子，大家伙基本上能够达成一致意见，只不过没有任何契机和方式来做。如今，政策的东风来了，大家却陷入了巨大的痛苦之中。

此时，小岗的三个队干部主动承担起领导责任发动广大社员群策群力，让大家一起想办法打开眼前这个困难的局面。作为晚辈，三个队干部先从长辈开始，分头征询"小岗五老"的意见，看看几位老人有何建议。关庭珠，是小岗队关姓的几户中年纪最大辈分最高的老人，加上他为人厚道，办事公道，在关姓一门中，他也是最有威信的长辈。大包干带头人关友章、关友德兄弟二人老实本分，且父母死得早，生产和生活上凡有问题都会去找关庭珠老人想办法。正因为关庭珠在关姓一门中最受尊重，所以生产队副队长严宏昌首先到关庭珠老人家，向他请教当前的小岗队如何才能把生产搞好。关庭珠说："1962年搞的'责任田'很管用，要想不吵不闹,只有分开一家一户地干。就怕政府不准干,你们当干部的也不敢干。"严家芝,是大包干带头人严金昌的父亲和大包干带头人关友江的岳父。严家芝头脑灵活,十分重视教育,大儿子严金昌中学毕业后,又把小儿子严银昌送入中学学堂。他对于小岗生产队当前的情况早就有了十分成熟的看法,在大儿子严金昌担任生产队队长的时候,就鼓励儿子带头搞好自己的小园地,一来可以补贴家用,二来可以带个好头让大家都能找到吃饱肚子的方法。但是由于政策不断收紧,严金昌的小园地还是被取消了,严金昌本人因此背了处分,撤了队长的职务,还坐了几天班房。生产队会计严立学就住在严家芝老人的隔壁,两人经常凑在一块促膝谈心,严立学深知严家芝老人十分坚定地认为:当前的小岗队只有分开单干才能搞好农业生产,只有分开单干才能让社员们吃饱肚子。这与关庭珠老人的看法是基本相同的;严国昌,生产队会计严立学的父亲,为人非常厚道,也是小岗队几位老年当家人之一。严国昌在建国前十分关注社会发展情况,对孩子的教育也十分上心。大儿子严立坤早年在队里当过干部,但受限于知识水平的因素,他的这个队干部当得十分费劲。严国昌也因此对小儿子严立学的教育十分上心,努力让他上了个中学。在生产队缺会计时,公社首先想到了小岗还有这么个老实本分的高知分子。因此,小岗又多了一位和严国品一样的专业技术人才,且一干就是几十年。在小岗生产队面临难以为继的困局时,时任生产队队长的严俊昌便主动登门请教严国昌老人如何才能把小岗的农业生产搞好,而此前,严国昌老人已经通过小岗队会计严立学了解到三个年轻的队干部也想分田单干了。对于严俊昌的请教,严国昌毫不掩饰自己的观点,坚决地说:"就小岗队目前的状况,只有分开单干才能干好农业生产,大家才能填饱肚子!"但是就当时的政策来说,老人家表示风险太大,如果上头追究下来指不定会怎么处理呢。因为自己的孩子也是队干部的原因,严国昌老人就格外关注分田单干后的队干部的责任会有多大,他语重心长地跟严俊昌说:"社员都知道分开一家一户地干,很管用!就怕最后是肉落千人口,罪由一人担,俊昌,你是队长啊!"其实,这个问题已经困扰了严俊昌和其他两位干部很长时间了,是经过无数次的思想斗争,三位队干部才决定征询社员们的意见的。在深入了解了小岗生产队社员的基本想法后,小岗生产队的三个干部带着社员们的意见开了个碰头会。会上,大家将征得的社员意见相互通报后,也都表明了自己对分田单干的态度。副队长严宏昌对严俊昌说:"我小哥,你家人口多,这个头我来牵,我们再开个社员会,大家若是同意,就分到户。"小岗队的三位干部很快就统一了思想,准备秘密召集全队各户当家人到严立华家开个大会,并确定下来开会的内容、时间,然后就分头通知各户户主到严立华家开会。

1978 年 12 月的一天晚上,除了严国昌、关友德这两当家人在外讨生活没有参加本次会议外,其余 18 户户主全都来到了社员严立华家中。人到齐后,副队长严宏昌向大家说明开会的目的,主要是为了让所有当家人都说说如何才能避免各组内部的吵闹现象,并让大家伙都讲讲怎样才能把生产搞好。老农严家芝首先发言:"我们队要想不吵闹,要想有碗饭吃,只有分开,一家一户地干。"关庭珠接下来说道:"刚解放时,我们都是单干,那时候人们都和和气气,家家都有余粮。单干肯定能干好,只是政府不允许。"会场上一直都议论不断,核心议题只有一个——"只有单干,我们才不吵不闹。"队长严俊昌看到所有当家人都态度坚决地要求分田单干,就当场表了态:"大家都想单干,我们当干部的也不装孬。"副队长严宏昌看到时机成熟了,随后就将三位干部碰头会内容在本次大会上做了通报:"看样子我们队只有分到户干了,但是,我们必须订个协定,第一,我们分田到户,瞒上不瞒下,不许向任何外人讲,谁个讲出去,谁个不是人。第二,每逢午秋两季交粮油时,该是国家的交给国家,该是集体的给集体,到时不准任何人装孬种,更不能叫我们干部上门要。只要大家同意这两条意见,在字据上按手印,我们干部就同意分开干。"这个提议是深得人心的,几乎没有不同意见。考虑到自己的儿子严金昌在当队长时,因小园地问题被公社抓去蹲班房的情况,严家芝插话道:"万一被上头发现了,队干部弄不好要蹲班房,家中老小怎么办?"这个时候干部不好意思提要求,社员一时也没了主意,会场一片沉默。这个时候,队长严俊昌的父亲严家其打破了沉默:"万一走漏了风声,干部蹲班房,我们全体社员共同负责把他家的农活全包下来,还要把他的孩子养活到 18 岁。"社员纷纷表示赞同这个提议。

小岗 18 户当家人在这个社员大会上形成了如下决定:

一、我们分到户以后，每户午秋二季所收的头场粮食，就要把国家征购粮和集体提留交齐，谁也不准孬种；二、我们是明组暗户，不准任何人向上面和外人讲，谁讲谁不是人；三、如果队干部因为分田到户而蹲班房，他家的农活由全队社员包下来，还要把小孩养到 18 岁。

为了能约束所有社员，让大家都能自觉地守住秘密，并尽可能地避免"肉落千人口，罪由一人担"的现象，社员们全都誓言保密，并在一份契约书上签字盖章，以示风险共担，绝不让现任的三位队干部吃亏，严国昌和关友德二人虽然缺席了，但是他们的手印由他们的儿子和兄弟代为按下了。这个会议是一次永载中国历史的会议。习近平总书记在 2016 年 4 月 25 日考察小岗村时也十分欣赏小岗人在当时大环境下的胆识，指出"当年贴着身家性命干的事，变成中国改革的一声惊雷，成为中国改革的标志"。

三、"红手印"的惊人问世

据严立学回忆，安徽省委书记万里在 1980 年到小岗生产队考察时，曾经问过小岗队有没有党员，当得知小岗队没有一位党员时，他调侃地笑道：正是因为小岗队没有党员同志，才敢干分田单干这种事。

(一)"红手印"在凤阳得到认可

分田单干后，小岗人便起早贪黑地待在自己分得的地块里劳作着，此时的小岗人将下地干活看成是一种无比幸福的事情。小岗人不集体出工，且惯于躲懒的情况消失得无影无踪，这种反常表现让邻队看不懂了，并纷纷议论开来。最终，有人把这个情况汇报给了梨园公社书记张明楼。张明楼考察过小岗队后，便要求小岗人把土地并起来。张明楼坦言自己也是干农业生产出身，也知道小岗的这个法子能够增产，但是中央的政策不允许，如果上面追责的话，会抓人的，连他这个公社书记都得跟着倒霉。张明楼书记威胁小岗人，如果不并起来今年就不给牛草、种子、化肥和贷款等生产资料，任其自生自灭。此时的张明楼惶惶不可终日，几乎每天一趟往小岗生产队跑，以期劝说小岗生产队长或村民回头。但是好不容易完成了分田单干的小岗人坚决不同意再并起来,依然毫不停歇地在田间地头忙活着。因为农活繁忙,他只能在天没亮的时候,或天很黑的时候才能在小岗队找到愿意跟他闲聊几句的村民。一天天没亮,张书记来到严俊昌家,以近乎央求的口气说:"俊昌,你们不能这样干啊,政策不允许啊!你先并起来,如果上面给了政策,我一定第一个通知你!"但严俊昌态度坚决,看到队长的态度如此,张书记又找到严宏昌,希望他这个副队长能够发挥劝民返社的作用,但是让他想不到的是,严宏昌对于分田单干这个事情的态度比严俊昌还坚决。

1979 年 4 月 10 日,时任凤阳县委书记的陈庭元到梨园公社时,张明楼把小岗的事情向陈书记作了汇报。陈庭元听完后十分惊讶,但对公社试图让小岗队重新并起来的工作未做表态。准备返程时,陈庭元让驾驶员刘明华把方向一转直奔小岗生产队。到了小岗生产队后,陈庭元远远就能看到干活的人都是三三两两的,没有生产队那种大呼隆搞集体生产的。即使是分组干的,一组三五户人家,也应该有将近十个劳动力啊。陈庭元说:乖乖,还真分开了呢!

尽管对小岗队的单干情况基本清楚了,但是为了进一步摸清情况,陈庭元在小岗队北边离村庄半里路远的地方停下来,这里有一条干渠,干渠沟北口有块旱田,田里正好有一男一女两个人在干活。陈庭元农村工作经验非常丰富,很会和老百姓打交道。他走向正在干活的两人去时,他们就停下手中的活,当时小汽车很少,他们知道来的不是一般的干部。陈庭元说:"你们锄花生的?""对,锄花生的。"那两个人回答。"今年花生长得好啊!""长得还不错。"到了跟前,陈庭元又说:"今年花生长得好,摆棋子一样的,匀匀满满的。种的可多?""多! 要是让我们这样干,明年种得还多。""你们看样子是两口子吧?""是两口子。""乖乖,看这个架势,你们队里还能分到户干吗?"听到这话,这两口子十分紧张,连忙解释说:"不是的,不是的,我们不是分到户的,是分到组干的。""分到组干的,你们小组怎么就你们两口子干活,其他人呢?"这下子把这两口子问蒙了,陈庭元就自己打岔道:"哦,我知道了,今天逢集,其他劳动力都赶集去了,就你们两口子在这里干活。"陈庭元通过旁敲侧击的询问和小岗这两位年轻夫妇的给出的答案,足可以证明小岗生产队确实已经分田单干了,梨园公社书记张明楼所言不虚,当离开小岗队时,陈庭元书记在车子里颇有感触地说:"乖乖,小岗的人还真把土地分到户了!"

回到凤阳后的陈庭元书记反复衡量了小岗生产队实行这种责任制在凤阳县可能造成的影响,最终考虑到小岗生产队的现状,1979年4月15日陈庭元再次来到梨园公社,跟张明楼说,"他们已经穷灰掉了,还能搞什么资本主义,最多莫过于多收点粮食,解决吃饭问题",并示意让小岗先干着再看看吧,但张明楼要陈书记出个红头文件给他。面对张明楼的合理要求,陈书记也很无奈的表示这种违背政策的事情出不了文件,只能和张明楼商量:"春庄稼都是各家各户自己种的,并起来也不好打工分嘛,就先让他们干着看看,上面不叫干再说,反正种的庄稼跑不到哪里去。"张明楼道:"我们还是要坚持集体生产的,你书记讲能干,他们就干吧。"就这样,陈庭元采用"不制止、不宣传、不推广"的方法,将小岗的包干到户责任制暂时保护了下来。

(二)"红手印"在安徽得到认可

包干到户在国家农业政策的认同上走过了一个曲折而又漫长的道路。起初,"大包干"引起的争议如冰火不容,即使在小岗分田到户后获得大丰收的1979年,批评分田到户的声音也十分激烈,声称我们的农村工作是"辛辛苦苦三十年,一夜回到解放前"。

1979年3月15日,《人民日报》以一版头条位置,发表了读者张浩的来信,来信认为"'三级所有、队为基础',符合当前农村的实际情况,应充分稳定,不能随随便便变更。"《人民日报》为这封来信加了"编者按",认为:"张浩同志的意见是正确的。已经出现'分田到户''包产到组'的地方,应当认真学习三中全会原则通过的《中共中央关于加快农业发展若干问题的决定(草案)》,正确贯彻执行党的政策,坚决纠正错误的做法。"好在万里当天听到新闻广播后,立即以省委名义,向各地、各县发出8条紧急电,要求各地不论什么责任制,都要坚决稳定下来,集中精力搞好春耕生产。第二天一早,他就到皖东的全椒、定远、嘉山等县做稳定干部群众情绪的工作。他一再讲:"报纸是公共汽车,发表各种不同意见都是可以的。别人写读者来信,你们也可以写读者来信。究竟什么意见符合人民的根本利益,靠实践来检验,决不能看一封读者来信和编者按就打退堂鼓。"他强调:"春耕大忙已经开始,政策决不能变来变去,看准了就定下来,秋后再总结经验教训。"

1979年3月16日,省委书记王光宇来凤阳调研时对时任县委书记陈庭元说:"老陈,凤阳不要动了,就这样干吧。"这天晚上,万里在滁县检查工作,叫随行的新华社记者张万舒打来电话:"凤阳不要再动了,让实践来检验,要能增产明年还要搞。"滁县地委也打来电话支持了凤阳的大包干。由于各地反映强烈,半个月后,《人民日报》又发表了安徽辛生、卢家丰两人的来信,并在编者按中承认上一次的按语"有些提法不够准确",表示:"不管用哪种劳动计酬方式和办法,不要轻易变动,以保持生产的稳定局面。"一场舆论风波终于平息了,至此,承包到组形式的"大包干"稳定了下来。

1979年6月5日,万里来凤阳视察,县委书记陈庭元引用了凤阳民谣:大包干,真正好,干部群众都想搞;只要准干三五年,吃陈粮,烧陈草。万里当即表态:"好,我批准你们县干三五年。""我们现在是解决吃饭问题,只要坚持土地集体所有,不准买卖、不准雇工剥削,单干也没什么了不起。"他指出,"不过,我们的文件上已经写上了,就不要提倡单干了。除了不单干,只要能增产,怎样干都行。大包干实际上是四级核算,但也不要怕,多一级就不是社会主义?只要能增产,五级核算也可以,自留地也是一级嘛。"

1979年9月25日到28日,第十一届中央委员会第四次全体会议通过了《中共中央关于加快农业发展若干问题的决定》,该决定依然坚持"三级所有、队为基础",规定:"人民公社、生产大队和生产队的所有权和自主权应受到国家法律的切实保护,任何单位和个人都不得任意剥夺或侵犯它的利益。——不允许分田单干。"这直接导致了凤阳县委在秋收后,对全县的包干到户进行了一次全面的纠正。

1979年11月27日,凤阳县委向全县各区社党委下达电话通知:区社党委要带领干群认真学习十一届四中全会通过的《中共中央关于加快农业发展若干问题的决定》,广泛宣传党的方针、政策,教育群众坚持党的四项基本原则,坚持社会主义集体生产;要严正宣布:在我县不准包产到户,不准分田单干。此后,最先实行包干到户的小岗就成为了众矢之的。其他公社以及本公社的生产队都向小岗所在的梨园公社施加压力:小岗不并,我们也不并。因此,梨园公社党委多次要求小岗并起来。此时,小岗获得了县里和市里的理解和支持,但由于和中央文件精神相抵触,市县两级又都无法给梨园公社党委一个明确的文件,造成了梨园公社党委的处境十分尴尬。

为了争取上级的支持,从根本上消除梨园公社党委的担心,凤阳县委派吴庭美驻扎在小岗针对包干到户责任制的实施及成效做专题调研,调查清楚后写成的一篇题为《一剂必不可少的补药——凤阳县梨园公社小岗生产队包干到户的调查》,由时任凤阳县委书记的陈庭元于 1980 年 1 月份在安徽省委召开全省农业会议期间提交给了省委领导。时任安徽省委第一书记的万里在看到这一调查报告后,非常激动,就像看小说一样连看了两遍。在了解了小岗这一情况后,于 1 月 24 日亲自来到小岗实地查看,从生产队西头的严立富开始,一直跑到村东头的严国品家,万里是挨门挨户地查看农民的粮食生产成果和收入情况,当他看到各家各户把能装粮食的东西都装得满满的,有的屋里放不下,还放在外面埋在草垛里。万里还屡屡把堆放粮食的地方亲自查看一番,以防被蒙骗。最后,在副队长严宏昌家开的座谈会上,小岗人都把自己包干到户后的生产成果和能否继续这么干下去的担心一股脑儿地向万里做了汇报。

万里通过实地查看和群众的汇报后十分欣慰,说道:"你们这样干,形势自然会大好。我就想这样干,就怕没人敢干。你们干了,我支持你们。"万里在小岗不仅肯定了小岗人干得好,还给陪同的凤阳县领导交代,想学小岗的就让他们学,不要学唐僧给群众念紧箍咒。万里的态度,强有力地保护了包干到户在小岗乃至在凤阳的顺利实行。

(三)"红手印"在全国得到认可

在 1980 年元月份召开的全国农村人民公社经营管理会议上,国家农委的绝大多数领导表态"不许分田单干","也不要包产到户"。国家农委在第二期、第三期《农村工作通讯》上公开发表文章对包产到户和分田单干进行严厉批评。与此同时,安徽省委因为万里的调离,对包产到户的态度也发生了变化。小岗所在的梨园公社又开始要求小岗并起来。这时，县委书记陈庭元站了出来，由于无法给梨园公社党委发文件，陈书记于1980年4月11日带着县委办公室副主任田广顺、县委政研室主任周义贵、板桥区委书记林兴甫和县委秘书陈怀仁一同前往梨园公社，向公社书记张明楼说：你们怕小岗包到户的娄子捅大了，公社吃不消，还要叫小岗子并起来，我们是理解的。今天，我们几个人都来了，给你们梨园担担子，如果以后出了什么问题，由我们县区两级组织来共同承担。小岗的包干到户从此畅通无阻。

万里调至北京后，一面争取新闻舆论界的支持，一面多次向邓小平、陈云等中央领导汇报安徽农村包产到户的情况，谈论改革给安徽农村带来的喜人变化。邓小平对于农村改革及其争论非常关注，并做了大量的调查研究。邓小平当时多次指出："现在农村工作中的主要问题还是思想不够解放。"并出面为包产到户发声："农村政策放宽以后，一些适宜搞包产到户的地方搞了包产到户，效果很好，变化很快"，"有的同志担心，这样搞会不会影响集体经济。我看这种担心是不必要的"。邓小平的讲话为凤阳"大包干"，为小岗包干到户平了反，正了名，上了"户口"。

在1978年秘密签约之后，这份契约便由小岗的队干部保存起来，已经分到承包田的小岗人都在边劳作边急切地关注着国家政策的变动。分田单干泄密前后，每当队里来个陌生人，小岗人都十分警觉，常常一路跟梢，并想方设法通知队里的干部，让他们先避一避。分田契约的执笔人严宏昌，在小岗生产队南边100米左右的池塘边，有一间低矮的茅草房子，当风声紧时，就住在这间小房子里躲躲风头。虽然"大包干"的做法在安徽省甚至在全中国范围内都逐步获得了认可，但对于小岗村民来说，这件事尚且没有"盖棺定论"，小岗人紧绷的神经迟迟未能得到放松，这种紧张而又焦虑的情绪在小岗村民的心中存在了好几年，知道"大包干"的政策被国家认可后，大家才松了一口气。当时紧张的情绪已经深深传导给了每一位小岗村的孩子，到现在还依稀记得小伙伴们拼命地奔向分田契约的起草人严宏昌家通风报信的情形。一天傍晚，村西头的几个孩子满头大汗地从我家房前跑过，我很好奇地加入了奔跑的队伍，孩子们一边跑一边咕哝着公安局来抓人了，我们跑到严宏昌家却没找着他本人，大家都非常着急,结果严宏昌还是被上面来的人给先找着了,然后孩子们又纷纷跑回家告知自家大人们了。

1981 年,小岗成为"分田改革"的典型,随着包干到户从小岗向全国的不断推进,连续五个中央 1 号文件"定心丸",为包产到户这一做法承担责任的人们越来越多,小岗人紧张的思想渐渐地放松了下来。对于小岗人来说,那份契约基本没有什么风险了,而小岗人也就将所有的注意力转移到了农业生产上去了。

1983 年,为了拍摄一部向改革开放 5 周年和新中国成立 35 周年献礼的纪录片《来自农村的报告》,王映东导演来小岗做实地拍摄工作,王导将秘密开会分田单干和按红手印事件都作为史诗般事件在影视作品里加以宣传。包产到户的政策源自小岗的历史事实和由此所演绎出红手印这段悲壮的故事旋即闻名于世,这份分田单干的契约原稿深受国家档案馆的重视,并保存起来,用以记录这一划时代的历史事件:分田单干的农业大包干!

中国的改革是从农村开始的,农村的改革起源于安徽小岗村,小岗村是我国农村改革的一个缩影。小岗村的"红手印"是中国共产党领导下的中国农民的伟大创举。2016 年 4 月 25 日,习近平总书记来到"当年农家"院落,了解当年 18 户村民按下红手印,签订大包干契约的情景,感慨道:"当年贴着身家性命干的事,变成中国改革的一声惊雷,成为中国改革的一个标志。"他强调,雄关漫道真如铁,而今迈步从头越。今天在这里重温改革,就是要坚持党的基本路线一百年不动摇,改革开放不停步,续写新的篇章。中国改革已经进入攻坚期和深水区,小岗农民的"红手印"启示我们:必须以壮士断腕的勇气、凤凰涅槃的决心,敢于向积存多年的顽瘴痼疾开刀,敢于触及深层次利益关系和矛盾,才能将改革进行到底。

沈浩精神——一座巍峨的时代丰碑

2009年11月6日凌晨，一个极其平常的日子，一名普普通通的村干部在一个偏僻的小村庄悄然离世。得知这位安徽省滁州市凤阳县小岗村党委第一书记去世的消息，时任中共中央总书记、国家主席、中央军委主席胡锦涛作出重要批示："沉痛悼念沈浩同志。请转达对沈浩同志亲属和小岗村村民的亲切慰问。"一名最基层的农村干部，为什么得到总书记如此的关注？

"两任村官，六载离家，总是和农民面对面，肩并肩。他走得匆忙，放不下村里道路工厂和农田，对不住家中娇妻幼女高堂。那一年，村民按下红手印，改变乡村的命运；如今，他们再次伸出手指，鲜红手印，颗颗都是他的碑文。"这是2009感动中国给沈浩的颁奖词，也许从中我们可以找到答案。2010年1月13日，习近平同志会见沈浩同志的亲属以及沈浩同志先进事迹报告团全体成员时指出，沈浩同志以忠诚和大爱，以创新和奋斗，以青春和生命，抒写了当代中国农村优秀基层干部的先进事迹和崇高精神，诠释了优秀共产党人的政治品格，树立了新时期基层干部的良好形象。这些年来沈浩精神始终感动着我们，为我们树立了一座巍峨的时代丰碑。

"红手印"是农民最朴素最坚定的意愿表达，小岗人一共按了四次红手印，1978年的鲜红手印揭开了中国农村改革的大幕，那张编号为GB54563的生死契约书，现今保存在国家博物馆，成为中国改革开放的最好见证之一；2006年的98颗红手印留下了干满三年的选派干部沈浩；2009年9月22日，186个小岗村民第三次为沈浩按下了红手印，再次向省委组织部、省财政厅申请挽留沈浩；沈浩病逝后，2009年11月7日，小岗村民一夜之间再次摁下满纸的红手印，又一次地为沈浩按下红手印，恳请他的亲人将沈浩的遗骨安葬在小岗。

时代精神是旗帜，先进典型是标杆。新中国成立以来，涌现了无数时代楷模，铁人王进喜、人民的好书记焦裕禄、把有限的生命投入到无限的为人民服务中的雷锋、"是七尺男儿生能舍己，作千秋鬼雄死不还乡"的孔繁森、退休以后放弃安享晚年义务造林的杨善洲、平凡的工作岗位上做出不平凡业绩的钟扬、航天员群体、王逸平、卓嘎、央宗姐妹……这些可敬可爱的人们，用豪迈壮举标注着一个个时代的精神高地。他们信仰坚定、对党忠诚、爱国赤诚、干事笃实……闪光的名字、感人的故事，发挥榜样的引领作用，鼓舞我们前行。这些先进人物、时代楷模的梦想、奋斗与奉献，永远与国家、与时代、与人民紧紧相连，是新时代的英雄。我们崇尚先进、学习英雄，从中汲取精神养分、感悟精神力量，把英雄的崇高精神注入心灵深处，转化为实际行动，奏响新时代奋斗者的英雄之歌，为全社会注入强劲正能量。习近平总书记多次强调："一个有希望的民族不能没有英雄，一个有前途的国家不能没有先锋。"沈浩同志是集中体现当代共产党人精神风貌的优秀代表，是真心实意为人民谋利益的基层干部的杰出楷模，是赢得广大群众衷心赞誉的选派干部的先进榜样。他扎根基层，服务农村的奉献精神，感人至深；他心系百姓，一心为民的公仆情怀，令人敬仰；他锐意改革，勇于开拓的创新意识，难能可贵；他艰苦创业，勤政廉政的高贵品格，令人钦佩。

习近平总书记在《之江新语——要善于学典型》中指出，"学所以益才也。砺所以致刃也"。我们深切缅怀沈浩同志，深入学习沈浩精神，追忆沈浩同志先进事迹，感悟沈浩同志人性的光辉、党性的崇高。我们就是要善于向先进典型学习，在一点一滴中完善自己，从小事小节上修炼自己，以自己的实际行动学习先进、保持先进、赶超先进。

下面，让我们走近沈浩，看一看沈浩同志短暂的人生历程中，尤其是在小岗村的六年里，是怎样书写一个大写的"人"，怎样践行一个共产党员的初心，在自己的工作岗位上恪尽职守，服务人民；如何求真务实，苦干实干，改变小岗面貌；如何提高个人修养，加强党性锻炼，怎样为官一任，造福一方。

一、沈浩生平

两任村官沥血呕心带领一方求发展

六载离家鞠躬尽瘁引导万民奔小康

这幅浸透着泪水的挽联，是沈浩同志在小岗六年的真实写照，也是沈浩留给新时代的不朽丰碑！鲁迅先生曾说，"我们从古以来，就有埋头苦干的人，有拼命硬干的人，有为民请命的人，有舍身求法的人"，"这就是中国的脊梁"。

沈浩，1964年5月出生在萧县圣泉乡孙秦庄村一个普通的农民家庭，兄弟姐妹7人，他排行老小。由于父亲过早离世，母亲一个人拉扯几个孩子，家庭生活异常困难，中学时候，因为交不起学费，沈浩曾一度辍学，回家务农。改革开放之后，哥哥姐姐们长大了，家里的经济条件有了好转，沈浩才得以重返校园，继续读书，并于1984年考入安徽省铜陵财经专科学校。他这样勉励自己：搏！一生青春有几何？青春又有几回搏？事业艰危，治学坎坷，"四化"宏图，先辈重托，一代精英的铸造，全靠我们当今的年轻开拓者，去搏！搏使青春光彩夺目，搏使生命充满光和热。从詹天佑大长中国人的骨气，到鲁迅倾心于人生光明的不息探索。搏的每一步艰辛、成功、胜利、欢乐，是血与泪的凝成，是理想与信念的结晶，也是一曲动人心魄的拼搏之歌。

在铜陵财专学习期间，沈浩留给老师和同学们的印象就是勤奋、刻苦，宿舍附近昏黄的路灯下，经常能看到沈浩聚精会神看书的身影；沈浩是个善良有爱的人，在生活中，处处关心同学，学校发放助学金，按照沈浩的家庭困难程度，他理应享受一等助学金，但他每次都把这个宝贵的名额让给了其他有困难的同学。沈浩自己生活上十分节俭，帮助同学却很大方。班上一位同学的父亲去世了，因为家里太穷，连办丧事的钱都拿不出来。沈浩知道后，马上捐出了10块钱，并在班上发动大家捐款，帮助这位同学渡过了难关。那时的10块钱，几乎是沈浩一个月的生活费！品学兼优的沈浩，多次被评为"三好生标兵"、"优秀学生干部"。1985年，他是全校唯一的"一等奖学金"获得者，也是全校唯一的"省级三好学生"。1986

年毕业前夕,沈浩光荣地加入了中国共产党,成为当时为数极少的学生党员。

1986 年 7 月大学毕业,沈浩被作为优秀毕业生分配到安徽省财政厅工作,主要从事国债发行、兑付等工作。沈浩热爱自己的事业,工作中潜心钻研,每当有新的国债政策出台,沈浩都认真研究,仔细琢磨,并及时提出相应的贯彻意见。当时,国库券流通渠道还不是很顺畅,一些不法商贩乘机倒买倒卖,损害了国家和群众的利益。沈浩为此多方调研,撰写文章在媒体上积极宣传国债知识,还建议厅里成立了国债服务部,国债的柜台发行、流通转让、常年兑付实现了一条龙服务,此举得到了财政部的肯定和表扬,为安徽省国债管理工作步入全国先进行列做出了一定贡献。

1986 年 7 月至 2004 年 2 月,沈浩在财政厅机关工作 18 年,历任省财政厅科员、副主任科员、主任科员。2006 年 8 月担任安徽省财政厅副调研员。沈浩任劳任怨,爱岗敬业,始终创造性地开展工作,以优秀的品德和出色的业绩,赢得了领导的肯定和同事们的赞誉。

2004 年 2 月 10 日,沈浩同志响应安徽省委号召,作为优秀年轻干部被选派到凤阳县小岗村担任党支部第一书记、村委会主任等职务。他在日记里写道:"今天,我正式到小岗任职了。我一定要按照省委的要求,引导和带领小岗群众齐心协力谋发展,为省委的决策争光,为财政厅添彩,为小岗人民增富!"

2006 年底,在三年任职期将满之时,小岗村 98 户农民按下红手印,恳请他继续担任村第一书记。沈浩同志怀着对党的事业的忠诚,对小岗村人民的热爱,舍弃小家为大家,毅然选择留任。沈浩在小岗工作期间,扎根基层、苦干实干,先后荣获全国农村基层干部"十大新闻人物"特别奖,安徽省第二批选派干部标兵,安徽省改革开放"三十人三十事"先进个人,全国百名"优秀村官"特别奖。2009 年 11 月 6 日,沈浩在小岗村第二个任期即将结束之时,因积劳成疾,猝倒在工作一线,年仅 45 岁。

二、沈浩事迹

2009 年 12 月 19 日,寒风凛冽,时任中组部部长李源潮到小岗调研,在沈浩生前简陋的住处,李源潮无限感慨,曾三次回望:从沈浩房间里缓步出来,走到走廊拐角,部长回头静静一望,没有说话;下了楼来又一次回过头去,扶着楼下的铁门,伫立良久,依然没有说话;快出院子大门时,放慢了脚步,再一次回望,深深叹息道:不容易啊!一个省城的干部在这么落后的地方住了六年就值得我们学习,是真正的向人民负责的基层干部!他为《沈浩日记》作序:"我是在小岗村沈浩住过的那间简陋宿舍中看到这本日记原文的。我在寒冷中看了多时,看得热血沸腾,深深地为沈浩在小岗的奋斗所打动。"一个"城里"的干部能够走到乡村已经是大家佩服的了,能扑下身子,坚守六年,为当地群众做实事更加难能可贵了。六年里,他真挚的为民情怀、务实的工作作风和科学的思想方法赢得了小岗人民的深切爱戴,永远激励着我们奋发向上、勇往直前。

(一) 践行宗旨,时刻关注民生

习近平总书记在十三届全国人大一次会议上的讲话中指出:"必须牢记我们的共和国是中华人民共和国,始终要把人民放在心中最高的位置。"总书记的话朴实无华,但掷地有声,始终把人民放在心中最高位置,体现了马克思主义的唯物史观,是马克思主义政党区别于其他政党的显著标志。只有真正领悟了人民立场的真谛,才会自觉站在人民立场上想问题、做决策、干事业,做有利于人民的事。

1. 朴实无华,以真心换得民心

沈浩常说:"党员干部只有真心与群众打成一片,才能与他们建立起深厚感情。"沈浩刚刚上任来到小岗,没有省城干部的架子,他沉下了身子,"身"入群众、"心"入百姓,把自己当成了小岗人,30 多个日日夜夜,起早贪黑、挨家逐户地耐心访谈……将全村 100 多户人家门头"数"了两遍,对小岗的实际情况更是了然于胸。

沈浩刚到小岗村,有些村民对他并不信任:"这个省城人,是来镀金的吧?""一个年轻人,能改变小岗的面貌吗?"面对村民的纷纷议论,沈浩总是笑呵呵的,走访农户时碰到冷脸,听到冷言冷语,他也不在乎。

贫困户关友林家属和两个孩子智障,没人操持家务,家里卫生条件差,别人都不愿去他家。沈浩知道后特地去他家走访,到午饭时间了,沈浩很自然地说:"就在你家吃饭吧,你们吃什么,我就吃什么"。一碗米饭,一盘炒青菜,这就是沈浩来到小岗村后在村民家里吃的第一顿饭。

到村第一个月,沈浩跑田头、走农家,为了和村民打成一片,他到村民家端起茶杯就喝水,遇到饭点端起饭碗就吃饭。30天沈浩把全村108户跑了两遍,和村民促膝谈心,了解情况,在不少人家吃了"一顿饭",这一顿顿饭,逐渐拉近了村民和他之间的距离。一个月后村民们说:"沈浩就是我们小岗人。"

2. 全心全意,用真情抚慰百姓

习近平总书记指出:"我们要不断解决人民最关心最直接最现实的利益问题,努力让人民过上更好生活。"沈浩同志全心全意为人民服务,时刻把人民群众的安危冷暖放在心上,村民谁家有困难,他心里都有一本账。

2005年一个大雨滂沱的夜晚,劳累一天的沈浩刚刚躺下,忽然想起大严村民组住房条件相对较差,尤其徐庆山家更是危房,他赶紧撑着雨伞冲进夜幕,泥泞路滑鞋子陷掉一只,情急之中干脆脱掉另一只接着奔忙,直到把这家搬到安全住处方才安心;他发现五保户韩庆江家的房屋一到下雨就漏得厉害,第二天就开会研究给他修房。韩庆江还有严重的哮喘病,沈浩知道后及时带他住院治疗并替他预付了医药费用,经过一个多月治疗,老韩出院,后来在小岗一个厂当门卫,一个月能挣点钱,踏踏实实地过着小日子。他感叹地说:"我能有今天,多亏了沈书记!"困难户韩德国孙子一出世,母乳不够又买不起奶粉,沈浩便从自己口袋掏出1000元钱送去;关友林家生活十分困难,沈浩就格外照顾,逢年过节都要送去慰问金和年货,就连他家的被子、衣服都是沈浩送的;大包干带头人关友章遗孀毛凤英老大娘病得较重,沈浩及时把她送到医院,跟院长说:"老人不容易,尽管给她治疗,账我来结";大包干带头人关廷珠的遗孀、86岁的邱世兰老太在送别沈浩的时候拄着拐杖哭着说:"沈浩真是好人呀,要是能用我的命把这好孩子换回来就好了。"她手中的拐杖就是沈浩从省城特意买来送给她的:一次沈浩去合肥出差,看到卖拐杖的,想到小岗村的邱老太太腰背驼得厉害,行动不方便,手里的拐杖有点坏了,就从合肥带回了拐杖,送给老人,老人家逢人就夸,乐得合不拢嘴啊。韩德国的孙子现在早已上学了,孩子奶奶提起沈书记就感激不尽,说:"我们有困难,他自己掏钱帮我们办。"沈浩去世后,老人向村委会要了一张沈浩的照片,说想他了就看一眼,和沈书记拉拉呱。

3. 雪中送炭,办实事利民为本

沈浩同志全心全意为人民服务,把群众的困难放在心上,把解决群众的困难落在实处。沈浩上任后,用了一个月的时间走访了全村 108 户农民,了解到小岗群众"出行难"、"住房难"。沈浩认识到,这两个问题是影响村民生活质量和经济发展首当其冲的大问题,于是下定决心,从抓这两件事着手,立即进入角色,开展工作。

"出行难":一"难"难在小岗村原先只有一条"友谊大道",村中道路"雨天一身泥,晴天一身灰",二"难"难在到县城要绕道 40 多公里。沈浩同志在上级单位的支持下,和村"两委"一班人带领群众,借机械,自己干。沈浩在 2004 年 8 月 17 日日记中写道:"从工地来到房间已是夜里 11 时了,天漆黑、寂静,还下着小雨。只有从楼板流下的水声相伴……开工第一天先是由村干部带头上阵,大家都表现得很卖力……由于事先灯没有装好,大家摸黑还在干,没有锹干部们就用手捧,这难道不该表扬吗?收工已是晚上 9 点多了,干部们还要留下来研究明天的工作,直至深夜 11 点。"他说:自己干好处可多了,自己干可以节省钱;自己干可以培养我们农民自己的技术工;自己干可以增强凝聚力。沈浩常说:"跟老百姓面对面,不如和大家肩并肩。"修路的日子,沈浩天天泡在工地上,和大家一起撒石子、扛水泥、拌砂浆。一天傍晚,沈浩和村干部来到工地,看到刚刚运来的水泥浆卸在地上,找不到铁锹,沈浩就用双手把水泥浆捧到路基里,浑身都是泥,手还被灼伤。村里人叹服:这个沈书记人实在,不是来图虚名的。三个多月后,路修好了,一算账,整整省了 20 万元,又加修了两条水泥岔道。行动往往胜过千言万语,正是这条路的修建,让小岗村人对沈书记的了解有了质的转变,他们认识到沈浩是真正为老百姓干实事的好官。要解决第二个难题是沈浩打算修一条小岗村直通省道 307 线的快速通道。许多人认为不可能,因为要跨过京沪线修一座高架桥。试想一下:为一个村修公路,让京沪线火车停下半小时,可能吗?然而沈浩没有气馁,他一次次奔波于国家铁道部、上海铁路局、省交通厅,凭着为小岗人办实事的赤诚和永不言弃的毅力,终于把项目跑了下来,京沪线的火车真的为小岗人停了半个多小时。2008年6月,小岗的快速通道正式建成通车。

因为村务繁忙,沈浩不能时时在工地上,为了确保工程能够保质保量地完工,他叮嘱村里几个干部不能有丝毫松懈,一定要和群众一起干。村民们看在眼里,记在心头,谁都不浪费一点材料。经过全村干部群众两个多月的努力,小岗人顺利地完成了这个道路延伸工程。工程节约了将近一半的钱,质量还超过了要求。沈浩的形象在村民的眼里变得更加亲切了。

小岗村以前多是土房、平房,房屋破旧危房多,结构不合理、面积小。破解这个难题,沈浩同志是一方面抢抓政策机遇,争取国家支农资金,另一方面是自力更生,自己动手。在住房问题未得到彻底解决之前,每到多雨季节,沈浩生怕村民家里因雨水多而出现不测,他不分昼夜地逐户查看,一旦发现问题马上设法解决。沈浩对村民出手大方但自己却十分节俭,无论穿的、吃的、用的,都是能省则省。在小岗村工作的六年时间里,在沈浩的床底下,留下了一堆穿得破烂不堪的鞋子。沈浩冬天总是穿着在村里买的5元钱一双的布棉鞋、抽2块钱一包香烟,吃冷饭、喝凉水是经常的事。然而,对于沈浩来说,这一切都是那么地自然而然。

2005年6月份动工,小岗村东南方的居民新区拔地而起,26户村民住进了上下两层160平方米的楼房。此后又陆续翻建了122户住房,又有48户搬进居民新区。此外,为了提高小岗人的生活质量,沈浩还多方筹措资金,不断完善基础设施,积极创建"国家4A级"旅游景区。对村庄进行绿化、净化、亮化,修复自来水和广播电视等设施,兴建了村卫生服务中心、敬老院、图书阅览室、文娱活动室等。

"治国有常,而利民为本",解决好人民群众最关心、最现实的利益问题,是一份历史责任,也是一项政治任务,带着感情和爱心,真正把群众的"小事"当成自己的"大事"记在心上,多做雪中送炭的事。

(二)凝心聚力,不断改革创新

2008年9月30日,一个金秋时节,党的十七届三中全会召开前,胡锦涛总书记来到小岗村考察。胡锦涛总书记亲切地同乡亲们拉起家常,了解大家的所愿所盼,解答大家最关心的事情,胡锦涛总书记对乡亲们说:"希望大家齐心协力,努力把农业生产搞上去,把文化生活搞丰富,把村庄环境搞整洁,使日子过得一天更比一天好!"胡锦涛总书记的殷切期望,让乡亲们备感温暖和鼓舞,也让在场的小岗村领头人沈浩感到了沉甸甸的责任。当得知沈浩是省委组织部和省财政厅选派到小岗村任职的,由村民自发按手印留下来连任的村干部时,胡锦涛总书记热情地鼓励沈浩说:"群众拥护你,这是对你最大的褒奖!"

总书记与最基层干部的手紧紧握在一起,这一刻让沈浩满眼噙泪,责任感油然而生,他说:"当我握着总书记手的时候,一切艰辛、酸楚、委屈都没有了"。沈浩在日记中写道:"总书记到小岗来,对我们是荣誉,更是动力,农村有困难更有机遇,小岗村是农村改革发源地,要不断创新。""发展是根本,发展是硬道理。小岗村也不例外,只有发展才是致富的唯一途径,只有发展才是解决矛盾的有效办法,只有发展才能建设社会主义新小岗村。"

沈浩常说:"纪念改革最好的方式就是继续深化改革。要加快小岗发展,必须不断创新"。"下派到小岗村已一个月了,回想这一个月来的工作,总的来说可以说是开局良好。小岗村,一个全国闻名、世界知名的村庄……让我到这里工作三年,这是组织对我的信任,更寄有希望,我深感压力的巨大……无论如何都要克服困难,充分发挥自己的聪明才智,依靠上级组织的领导和支持,团结带领'两委'班子,使小岗发生巨大变化,小岗人走上小康之路。我想会有的,一定会实现的,对此我充满信心"。是什么原因导致了小岗村"一夜跨过温饱线,二十年没进富裕门"的局面呢?经过走访调研,沈浩找到了基本原因,用四个字概括当时小岗村的基本情况:第一个是"偏"——地处偏远、交通不便,距离县城45公里,从省道307线到小岗,需从大溪河镇向南绕道小溪河镇,再西转梨园村才能到达;1998年修的柏油路也已经坑坑洼洼,损坏严重;第二个是"穷"——集体穷、村民穷,2003年底,村集体欠4万余元的外债,农民人均纯收入2300元,低于全县平均水平,村民的住宅基本都是20世纪盖的瓦房和平房,部分是草房;第三个是"乱"——村庄乱,村里盖房子、堆柴垛、倒垃圾很随意,凌乱无序;第四个是"散"——班子散、人心散,村"两委"

班子不健全,一人一条心,更多地考虑个人利益、家族利益、眼前利益。

客观方面看,小岗地处偏远、交通不便;属江淮分水岭地区,地处高岗,农业生产条件较差,十年九旱,又没有资源;主观方面看,小岗人心散,特别是班子问题,如果不解决,小岗很难发展。

于是他多次组织村干部、大包干带头人到河南耿庄村、南街村、山西大寨村等参观学习,寻找差距,转变思想,统一认识。到大寨参观时,小岗村没什么名气,经济发展也不景气,郭凤莲书记不是很热情,沈浩主动说:你们在昔阳,我们在凤阳;你们是大寨,我们是小岗;你们是干出来的,我们是摁出来的。我们一南一北都能为中国农村发展做出贡献。郭凤莲一下子被这个诚实人打动……六年来,他创新农村人才制度,引进十余名大学生到小岗创业;六年来,他推进土地流转,开展土地整治,建立小岗村土地经营权流转交易平台;六年里,他还建立了全国第一支农村大学生民兵连和村级消防队;六年来,沈浩始终朝着一个崇高的目标努力,这就是要像小岗人当年创造中国农村改革的模式一样,带领小岗人民打造当代中国农村发展的新模式。探索适合中国中西部地区发展现代农业,建设社会主义新农村的科学道路……这一系列的改革创新举措,使小岗的发展更具活力,更具朝气。

(三)解放思想,精心谋划发展

沈浩同志立足实际,着眼长远,精心谋划小岗"开发现代农业,发展旅游业,招商引资发展村级工业"的发展思路。他引种优质葡萄,培育壮大葡萄特色产业,成功举办六届葡萄文化节,加快了农业产业结构调整,促进了农民的收入增加。他依托"中国农村改革第一村"、大包干纪念馆、"国家4A景区"等优势,成立旅游协会,开发旅游产品,大力发展红色旅游和观光旅游。他强力推进招商引资,不断完善工业园区建设。几年来,引进三家企业投资六千多万,形成年销售额3亿多元。特别是2009年成功引进美国GLG集团、广州从玉菜业集团等大型企业入驻小岗,小岗村经济以新的小岗速度加快发展。2009年1月5日,这是一个让GLG集团张永博士永远都无法忘记的日子。那一天,张永去小岗村考察,正是数九隆冬,天寒地冻。张博士回忆当时的情形说:"沈浩书记一直站在外面,迎着刺骨的寒风等我。我俩一握手,他的手冰凉,我问他怎么不在屋里等,他说:'在外面站着能显出我的诚意。'一下子就把我感动了。"之前,没有一家企业有在小岗村投资一千万元以上的意向,而张永一次就是一亿元。他说:"如果没有沈浩的热情,我这一个亿不一定会投在这儿。产业园建设,沈浩天天在工地。从破土动工到产品下线,只用了 5 个月,比当年的'深圳速度'还快。"沈浩的日常工作总是那么地繁忙,沈浩 2008 年 3 月某日的日记,是他工作状态的一个缩影。在紧张工作了一个上午之后,"午餐,没吃上几口就不想吃,到房间还没躺下,张长民夫妇又来了,说没贷上款,便又给沈立志打了电话,答应统一考虑。家乐来要工程款,说要建房子。马武何来反映他们村有关动态,德友来讲明天是否去萧县,答应明天给他电话。顺聊时分析了有关情况,马武何继续说情况,讲了利害及让他关注动态。他走后,子启又来了,分析了一下形势,看来情况还不那么简单。"对于自己繁重的工作,沈浩没有丝毫怨言,他在日记中写道:"也许我的举动,能换来小岗村真正地发展和繁荣,我无怨无悔!"沈浩始终把服务于小岗群众,看得比自己的身体来得更加重要。这不是沈浩在人前高唱的豪言壮语,而是他深入骨髓的内心独白。

三、沈浩精神

沈浩在小岗工作了六年,奋斗了六年,使小岗发生了巨大的变化:小岗人的收入增加了,生活改善了,2004 年人均收入 2300 元,2009 年前后达到 6600 多元;小岗人的观念改变了,思想统一了,认识提高了;小岗人找到了一条适合小岗发展的科学道路。沈浩在小岗的六年,以坚守和执着,以奉献和拼搏,谱写了一曲荡气回肠的生命赞歌,书写了一部载入史册的壮丽诗篇。2010 年 1 月 13 日,中共中央组织部、国家人社部、国家公务员局、中共安徽省委在人民大会堂举行沈浩同志事迹报告会,中组部常务副部长沈跃跃宣读了追授沈浩同志为全国"优秀共产党员"、"人民满意的公务员"的决定,并号召全国各条战线的共产党员、广大干部和公务员向沈浩同志学习。学习他一心为民、服务群众的宗旨意识,学习他解放思想、锐意改革的创新精神,学习他艰苦奋斗、扎根基层的实干作风,学习他任劳任怨、无私奉献的高尚品格,学习他团结农民、带领百姓的群众工作能力。

(一) 甘于奉献

奉献是共产党人常讲常新的话题。党的十九大为实现中华民族伟大复兴的中国梦指明了方向、绘就了蓝图。习近平总书记指出:"追梦需要激情和理想,圆梦需要奋斗和奉献。"新时代强烈呼唤共产党人的奉献精神。我们党作为马克思主义政党,是世界上最讲奉献精神、最有奉献精神的先进政党。马克思、恩格斯在《共产党宣言》中指出:"过去的一切运动都是少数人的或为少数人谋利益的运动,无产阶级的运动是绝大多数人的、为绝大多数人谋利益的独立的运动。"我们党从诞生时起,就明确自己是中国工人阶级的先锋队,坚持全心全意为人民服务的根本宗旨,以实现共产主义为最高理想和远大目标。这些质的规定性,决定奉献是我们党的精神底色。党章明确规定,共产党员必须"坚持党和人民的利益高于一切,个人利益服从党和人民的利益,吃苦在前,享受在后,克己奉公,多做贡献"。入党誓词明确提出:"……为共产主义奋斗终身,随时准备为党和人民牺牲一切,永不叛党。"这说明,共产党员讲奉献不是可有可无的选择,而是必须履行的义务。在长期的奋斗实践中,我们党创立形成的井冈山精神、长征精神、延安精神、西柏坡精神、铁人精神、"两弹一星"精神、抗震救灾精神、载人航天精神等一系列伟大精神,无一不包含着奉献。我们党的队伍中所涌现的刘胡兰、江竹筠、董存瑞、雷锋、王进喜、焦裕禄、孔繁森、甘祖昌、杨善洲、邹碧华、南仁东等一大批英雄模范,包括沈浩,无一不体现着奉献。

沈浩在 1982 年 12 月 23 日的日记中写道:"人们常常把任劳与任怨并提,然我看,任劳与任怨不尽然属于一种思想境界。要做到任劳诚然不易,要做到任怨则更难。这需要忍辱负重,含辛茹苦;有时甚至要蒙受不白之冤,承受着不为群众所同情这样一种精神上的折磨。所以说任怨是比任劳更好一层的思想境界。要虚怀若谷,坦坦荡荡,自己认准了就要坚持做下去,这才是共产主义思想觉悟的表现。"沈浩作为省直机关干部,为了小岗村的事业,以村为家,扎根小岗,六年如一日,把自己的心血乃至生命无私地奉献给了他所挚爱的小岗村。小岗村民说:"我们这么多年没有见到过沈浩这样的好书记! 他处处为小岗村着想,没有他我们哪能家家户户住上这么好的房子? 在小岗村 6 年,沈书记没有节假日、没有星期天,除了外出开会、招商,基本都在村里,哪一年春节都忙到大年三十中午才回家,刚过年就回到村里。

2009 年 4 月底,沈浩一行到黄山市考察垃圾焚烧项目,准备在村里建一座小型垃圾处理厂,上午他从小岗出发到黄山歙县,下午三点多钟赶到焚烧炉生产企业,接着又到几个垃圾处理厂考察,等回到歙县老城时已是华灯初上,企业方安排好了食宿,但是因为村里有事,沈浩婉拒了,匆匆地在歙县吃了晚饭就往合肥赶,他原来打算回家看看,但是由于夜晚行车速度慢,等到了合肥已经是次日凌晨一点多了,他就到一家招待所住了一宿,第二天早上 6 点钟又启程赶往小岗村。

2009 年 6 月底的一个星期天下午,沈浩急着赶到合肥,见上海企业老总,他到合肥已是晚上 7 点多了,在客商下榻的宾馆,洽谈投资项目,谈好后已经是深夜 11 点多了,由于接到村里有急事的通知,于是直接告别客人往村里赶,当他到小岗时,已经听到鸡叫声了!

党性不是写在纸上,喊在口里的,拿什么检验党员的党性? 说到底还是要拿对待群众利益的态度。一个党员干部,只有当他心里装着人民群众,为了人民利益而甘愿付出和奉献时,才称得上党性纯洁、党性坚强。周总理作为我们党党性最强的革命领袖之一,是全党学习的楷模。总理的六无六有:死不留灰、生而无后、官而不显、党而无私、劳而无怨、死不留言;总理的六有:大智、大勇、大才、大貌、大爱、大德。"无"讲的是他没有一丝一毫的个人私利,"有"讲的是他无怨无悔的奉献精神。周总理从 1974 年 6 月 1 日重病到 1976 年 1 月 8 日逝世,在生命最后的 587 天,他除批阅大量文件、决策大量工作外,约人谈话 227 次,最长一次谈话时间达 4 小时 20 分;开会 32 次,最长一次会议时间达 3 小时 45 分;会见外宾 56 次,每次会见都在 1 个小时左右。习近平总书记评价:"周恩来,这是一个光荣的名字、不朽的名字。每当我们提起这个名字就感到很温暖、很自豪。""周恩来同志一生心底无私、天下为公的高尚人格,是中华民族传统美德和中国共产党人优秀品德的集中写照,永远为后世景仰"。

（二）改革创新

小岗村历史上因贫瘠而出名，当年以大包干改革出名，小岗精神就是自力更生的奋发图强精神，实事求是的和谐求真精神，敢为人先的突破创新精神。源于群众智慧的小岗精神和生发于基层共产党员身上的沈浩精神始终与时代同步，历久弥新。怎么让日子过得一天更比一天好？站在改革开放 30 年的新起点上，沈浩和小岗人都在思考，该发展什么、突破什么？这也是中国农村改革发展的共同思考。早在 2006 年，沈浩就提出流转村民一部分土地进行整理，田成块、路成网、水灌通，增加可利用土地数量，提高土地利用率。可没想到这个想法让他陷入空前的困境。发展是硬道理，但"摸着石头过河"也艰难。最难的，是土地问题。当时有人把这种土地流转方式误解为要收回土地，集体经营，许多群众一时想不通，不支持；还有人当天同意签流转协议，第二天就变卦了。沈浩说："过去分田搞大包干是改革，现在搞土地流转也是改革。"有一年除夕，小岗大雪纷飞，副书记张秀华接到沈浩的电话："我在村里宿舍，过来陪陪我吧。"一进门，只见沈浩眼里含着泪水，委屈地说："在村里搞土地流转太难了，村民们不同意。"对土地的挚爱，如同血液流淌在小岗人的血脉里。作为农民的儿子，沈浩深深地理解这一点，每一步改革他都愈加谨慎，在发展和保护农民权益方面寻找结合点，沈浩冥思苦想。正是靠着锐意改革、持续创新，小岗村才步入了发展的快车道。

（三）忠诚实干

人们自古就崇尚实干，"成功缘于实干，祸患始于空谈"。毛泽东同志曾经说过"没有全局在胸，是不会真的投下一着好棋子的"。习近平总书记也指出要"于细微之处见精神；多积尺寸之功，积小胜为大胜"。基层是党的政策落实的"最后一公里"，基层的干部会不会"看全局"、能不能做到"于细微之处见精神"，于党和人民的事业至关重要。不敢、不肯、不愿从小事做起，从细节抓起，眼高手低，推动改革发展更无从谈起。习近平总书记在十九大报告中指出，"行百里者半九十。中华民族伟大复兴，绝不是轻轻松松、敲锣打鼓就能实现的。"在新时代，我们需要更多的焦裕禄、更多的沈浩。为了治理风沙,焦裕禄靠自行车和两条腿跑遍全县,把所有风口、沙丘都编上号,掌握了最直接、最真实的一线情况。现在想来,兰考的"三害"能在短时间内得到有效治理,靠的就是焦裕禄带领全县人民真抓实干。同样,沈浩同志正是凭借一步一个脚印,才带领小岗人描绘了实现了社会主义新农村的新蓝图。新时代,基层党员干部就更需要这种"实干"之精神,就要摈弃"走过场"、"做盆景"、"假大空"等形式主义,多深入基层实际,查实情、出实招、求实效,始终以实干的作风、实干的行动,作出实干的业绩。沈浩同志是我省众多机关下派干部中的一员,他所在的小岗村原来的工作环境并不好,发展的基础也是差的,正是由于他六年间没日没夜谋发展、作规划、跑项目、打基础,和群众一起苦干实干,才使小岗村发展进入快车道,他也在这一过程中实现了人生的理想和价值。

沈浩的办公室在当时比较气派,他说,办公室能够代表小岗村的形象,一定要好看些,但是他很少坐在办公桌旁,村里人找他,他都会在沙发上和他们交流,他打心里觉得,这样和老百姓的距离更近些。恩格斯说得好:"谁肯认真地工作,谁就做出许多成绩,谁就能超群出众。"实现中华民族复兴的唯一办法,是人人都做好自己本职工作;党员干部健康成长的不二法门,是出色完成自己的工作。173年前,一位伟人曾这样说过:"如果我们选择了最能为人类福利而劳动的职业,那么,重担就不能把我们压倒,因为这是为大家而献身;那时我们所感到的就不是可怜的、有限的、自私的乐趣,我们的幸福将属于千百万人,我们的事业将默默地,但是永恒发挥作用地存在下去,而面对我们的骨灰,高尚的人们将洒下热泪。"这个人是马克思。有一句话说得好,今天拥有的一切,都是奉献者用汗水堆积出来的,人们一来到世上就是受益者。的确,我们的一座座现代化城市、现代化工厂,一条条高速公路、高速铁路,一项项重大的科技创新、管理创新,都付出了巨大的辛劳和汗水。忠于党、忠于人民、无私奉献,是共产党人的优秀品质。党的事业,人民的事业,是靠千千万万党员的忠诚实干而不断铸就的。

四、弘扬沈浩精神

沈浩同志虽然离开我们十年了,但他的崇高精神永远在亿万人民心中矗起一座永不磨灭的丰碑,永远是鼓舞我们扎根基层、艰苦创业的强大思想动力,永远是激励我们开拓进取、无私奉献的宝贵精神财富。

(一)弘扬沈浩同志人性纯美、人格健全、人品高尚的做人之道

人性纯美、人格健全、人品高尚历来是我们民族崇尚和追求的做人境界,真诚、善良、正派、正义、宽容、有爱心,历来是我们民族的传统美德,也是铸就沈浩精神的基石。

沈浩同志的最大特点就是对人民群众有感情,小岗村的男女老少无不称他是"好人"。熟悉沈浩的人说,他从"城里人"到"村里人"的角色转变很快:冬天,穿上村里5块钱买的老棉鞋;谁家的剩茶端起来就喝,谁家的剩饭端起来就吃;抽2块钱一包的香烟;遇见财政厅的老同事说话,也从"我们财政厅"变成了"我们小岗村";手上长了老茧,整个人黑了,瘦了……他习惯坐在办公室的沙发上和村民平起平坐商量事儿,从不坐老板椅给人居高临下的感觉。"坐沙发,和大家交流'零距离',这样老百姓才会亲近你。"

习近平总书记在中央政治局第十次集体学习时强调:"我们党历来强调德才兼备,并强调以德为先。德包括政治品德、职业道德、社会公德、家庭美德等,干部在这些方面都要过硬,最重要的是政治品德要过得硬。"德才兼备、以德为先是我们党的用人标准。老百姓评价党员干部优秀不优秀,首先看的也是人品。《左传》记载:"太上有立德,其次有立功,其次有立言,传之久远,此之谓不朽。"此处所说的"立德",便是指会做人,拥有好人品。好人品是人生的桂冠和荣耀,它是一个人最宝贵的财富,它构成了人的地位和身份,它是一个人信誉方面的全部财产。做事先做人,这是自古不变的道理。做人,不仅体现了一个人的智慧,也体现了一个人的修养。一个人不管多聪明、多能干、背景条件有多好,如果人品很差,那么他的事业及其人际关系将会大受影响,只有先做人才能做大事。孔子说:

"德才兼备，以德为首"，"德若水之源，才若水之波"。人品好的人，自带光芒，无论走到哪里，都会熠熠生辉。人品与官品本是两个不同的概念，但对党员干部来说，二者有着必然的联系。做官先做人，只有拥有好的人品，才会有好的"官品"。好人不见得是好官，但好官却必须首先是好人。党员干部，要想清白做官，勤恳工作，踏实办事，必须先堂堂正正做人。《论语·颜渊》里讲，"政者，正也。子帅以正，孰敢不正？"意思是说：为官要义在于正，如果居上位的领导拿正道做表率，下属岂敢走歪道？看"品"字的构造，三"口"相叠，意味着人的品格品性不是自封自诩的，而必须经过群众的评头品足，"政声人去后，民意闲谈中"，一个人的人品如何，与金钱的多寡无关，或者说关系不大，也不是建立在职位、权力的基础之上，炼就好的人品，非一朝一夕之功。《菜根谭》里讲，"欲做精金美玉的人品，定从烈火中锻来"，"为官一日，要行一日好事"。人要有品，就得有所禁忌：钱不可贪，师不可骂，友不可卖，官不可讨，上不可媚，下不可慢，风不可追，天不可欺；正如孟子所说的那样，一个人如果能做到"贫贱不能移，富贵不能淫，威武不能屈"，这个人就有了浩然之气。"勤于事，苦忧人，只为苍天不为身"。党员干部应在日常工作中，加强自身的品行修养，只有具备了健全的人品和优良的"官品"，才会牢记使命，做到俯仰无愧，成为"一个纯粹的人，一个高尚的人，一个脱离低级趣味的人，一个有益于人民的人"。

1965年秋，甘肃省天水县花牛寨生产大队的社员们给毛泽东寄去一箱他们自己产的苹果，让领袖一起分享丰收的喜悦。不久，他们便收到中央办公厅的一封信和44.82元钱，钱是毛主席亲自让寄的，信中这样说："中央早有不收受群众礼物的规定，请你们以后不要再送，现汇去44元8角2分，请查收。"后来，这封信被花牛寨人刻成了碑，高高地竖立在村口，以教育子孙后代铭记这件事。对于外宾送的礼物，毛泽东也是如数让工作人员登记上交，从不留一件。对此，身边的工作人员曾劝说他："反正这些礼品是送给您的，您吃了用了都是应该的。"不料，毛泽东作了这样一番解答："这个问题不是那么简单，党有纪律。这些礼物不是送给我个人的，是送给中国人民的。中国不缺我毛泽东一个人吃的花的。可是，我要是生活上不检点，随随便便吃了拿了，那些部长们、省长们、市长们、县长们都可以拿了,那这个国家还怎么治理呢?"

毛泽东的故事,让我们感动之余,陷入深深沉思。不禁想起了习近平总书记一直强调的:群众在干部的心里有多重,干部在群众心中就有多重。或许,这正是理解毛泽东之所以在老百姓心中始终保持崇高的人格魅力的最好诠释。人民领袖爱人民,人民领袖人民爱。这也正是毛泽东永远活在人民心中的原因之所在!

(二)弘扬沈浩同志牢记宗旨、一心为民、服务群众的公仆精神

全心全意为人民服务是我们党的根本宗旨,也是沈浩精神的本质所在。

沈浩同志之所以被誉为选派干部的先进榜样、基层干部的杰出楷模,之所以深受小岗人民的爱戴,根本原因就在于他始终与小岗人民心相连、情相依、同呼吸、共命运;在于他视小岗人民为父母兄妹,诚心诚意当小岗人民的公仆。古人说得好:"意莫高于爱民,行莫厚于乐民。"

密切联系群众,全心全意为人民服务,是我们党区别于其他政党的一个显著标志,也是我们党的领导集体反复强调的执政理念。1944 年 9 月 8 日,毛泽东同志在《为人民服务》的名篇中就明确指出,共产党人"是彻底地为人民的利益工作的";在党的七大上,他进一步指出:"共产党人的一切言论行动,必须以合乎最广大人民群众的最大利益,为最广大人民群众所拥护为最高标准。"邓小平同志把这一标准具体化,提出把人民拥护不拥护、赞成不赞成、高兴不高兴、答应不答应作为制定各项方针政策的出发点和落脚点。江泽民同志在"三个代表"重要思想中将其概括为立党为公、执政为民。胡锦涛同志指出,只有一心为公,立党才能立得牢;只有一心为民,执政才能执得好;关键是要坚持做到权为民所用、情为民所系、利为民所谋。习近平总书记曾给正定原县委办干事李亚平讲过自己选择到正定工作的心路历程。他从梁家河回到北京后,在清华大学上学,之后又到国办、军办工作。那时候,他父亲已经"解放",一家人团聚在一起,没有什么令人烦恼的事情了。但他说自己在这种安逸的生活里,始终没有什么喜悦和快乐。他总觉得,"文革"那种荒谬和残酷虽然已经过去,但我们国家百废待兴,需要变革,需要有能力、有担当的人负起责任来。所以,

他要求下到县里,虽然辛苦,也心甘情愿。李亚平在日记中记载了习近平总书记当年对他说的一段话:"只想着过舒适的生活,是平庸的追求。我是准备入'苦海'的。"习近平总书记还多次讲过他当年"三下下党"的故事。下党乡位于福建宁德寿宁县,藏在大山深处。由于过于偏僻,路又很难走,上面的干部很少去,习近平总书记是地委书记中第一个去的。他第一次去是在 1989 年 7 月酷暑的时候,早上 6 点多出发,9 点多车子开到了离乡政府所在地最近的一个地方,然后下车步行,乡党委书记拿着柴刀在前面砍,每个人拿根竹竿,沿着河边走,又走了 2 个多小时才到,习近平总书记的脚上磨出了泡,他回忆说,那真是披荆斩棘、跋山涉水。到了那儿,稍微洗了洗、休息一下,就开始现场办公、访贫问苦。习近平总书记当时讲:冯梦龙 50 多岁被任命为寿宁的知县,为了上任走了好几个月。我们现在共产党人为官,如果都想当舒服官,还不如封建时代的士大夫呢。但有些党员干部已经将党的根本宗旨置于脑后,在他们眼里,群众真的算不了什么。党员干部无论职位高低、能力大小,都要像沈浩同志那样,把为党和人民的事业而奋斗作为人生的最高目标,把为人民服务作为人生的最大追求,把实现最广大人民的根本利益作为工作的最终目的。要深怀爱民之心,自觉摆正与人民群众的关系,不断增进与人民群众的真挚感情,要设身处地,换位思考,时刻把人民群众的安危冷暖挂在心上,要想群众之所想,急群众之所急,帮群众之所需,认真解决民生问题,努力把为群众排忧解难的各项工作落到实处。

(三)弘扬沈浩同志艰苦奋斗、扎根基层、恪尽职守的实干精神

艰苦奋斗是中华民族的光荣传统,是我们党的立业之本、取胜之道、传家之宝,也是沈浩精神的精髓。

面对小岗落后、复杂的实际,沈浩同志紧紧依靠组织,团结带领全村人民艰苦奋斗,奋力拼搏,坚定信念,自强不息。艰苦奋斗是国家兴盛的必需品,是考验人毅力的试金石。困境出人才,艰苦奋斗让人的意志在艰苦的环境中得到磨练,让人的毅力得到充分发挥。周恩来总理一贯倡导勤俭建国、艰苦奋斗,要求"一切招待必须是国货,必须节约朴素,切忌铺张华丽、有失革命精神和艰苦奋斗的作风"。刘少奇同志处处以身作则,

艰苦奋斗,不搞特殊。他经常外出考察,调查研究,每次出发前都要向身边的工作人员重申自己的"四不准":一、每到一地,不准人家接送;二、到任何地方,不准请客吃饭、铺张浪费;三、不准向人家要东西,人家送上门来也要婉言拒收;四、参观时不准前呼后拥地陪同,有个向导引路就行,不要影响地方负责同志的工作。刘少奇自己严格遵守并督促工作人员执行这些规定。他每次外出视察,不要地方上招待。有时为了减少住宾馆、招待所的麻烦,就住在火车上,吃一点简单的饭菜。有时地方同志为了表示一下心意,送点土特产给他,他一律退回,实在无法退回的少许食品,就照价付款。刘少奇同志平时吸烟比较多,但他不吸太好的,平常就是"大前门"香烟,偶尔还抽"恒大"牌的。1958年在成都开会时,秘书拿来一包云烟,请刘少奇吸一吸,看看烟的质量怎么样。刘少奇吸过后说:"不错。"秘书说:"那就去弄一些来?"刘少奇立刻说:"要付钱!人家不要钱,我可不要烟。"后来,秘书给刘少奇看了买烟的发票,他才放心了。

诗人艾青的一首诗——《我爱这土地》:"假如我是一只鸟,我也应该用嘶哑的喉咙歌唱:这被暴风雨所打击着的土地,这永远汹涌着我们的悲愤的河流,这无止息地吹刮着的激怒的风,和那来自林间的无比温柔的黎明……然后我死了,连羽毛也腐烂在土地里面。为什么我的眼里常常含泪水?因为我对这土地爱得深沉……"正像诗人这首诗所表达的,沈浩热爱农村这片土地,他选择了农村,选择了小岗村,兢兢业业,无私奉献。

一次央视对云南抗旱一线的报道中,在楚雄的一个山区,当地村民饮用水发生困难,央视记者对一个村民小组从山下背水的事情进行了报道,村民们肩扛马驮,打一次水,在崎岖陡峭的山路上需要走四个小时。央视记者把摄像机镜头对准了一位刚刚从陡峭的山路上爬上来的一位戴眼镜的小伙子,记者对他进行了简短的采访,"听说你是这个村的村官?""我是村党支部书记。""你背的水有多重?""50斤。""你们每天都从山下背水吗?""每天两趟。""你家一天能用100斤水吗?""我不是给自己家背水,这桶水是给村里的孤寡老人背的,他们几个也是,这几桶水老人们够用一天。"就是这么简短的一段采访,让所有看了这则消息的人们潸然泪下,一位基层共产党员的形象让人肃然起敬。我们弘扬沈浩精神,就要时刻牢记"两个务必",自觉践行扎根基层、艰苦创业的实干作风,不断发扬自强不息、与时俱进、开拓创新的时代精神,永远保持不畏困难,坚忍不拔,奋发有为的精神状态,为推进党和人民的各项事业而努力奋斗。

(四)弘扬沈浩同志实事求是、解放思想、锐意改革的求实创新精神

实事求是、解放思想是党的思想路线的核心内容,也是沈浩精神的灵魂。

在沈浩看来,实事求是,解放思想,改革创新既是一种科学精神,也是一种工作作风,还是一种人生态度。2007 年 6 月 27 日,他在日记中写道:发展是根本,发展是硬道理。小岗村也不例外,在某种程度上更应该强调突出加快发展。只有发展才是致富的唯一途径,只有发展才是解决矛盾的有效方法,只有发展才能建设社会主义新小岗村。因此一定要牢牢扭住发展这个牛鼻子!

总说思路决定出路,有思路才有更大的发展,而唯有学习培育思想。在知识化、信息化的今天,知识改变命运,学习成就未来,已成为我们修身立业的准则。沈浩同志始终坚持勤学苦学,笔耕不辍。在他家里最多的东西就是书籍,在小岗村的宿舍里随处可见的还是书籍,囊括了经济、金融、法律、政治等众多学科,他留下了几十本读书笔记和工作生活感言。沈浩同志之所以能够很快提出切实可行的小岗村"三步走"发展规划,主要得益于他数十年孜孜不倦的学习和思考。可谓"智者非一日之志,治者非一日之谋。"在浩瀚的学海中,见什么学什么,想到哪学到哪,浅尝辄止,也是不行的。党员干部除了向实践学习、向群众学习以外,还要加强三个方面的学习研究。一学习哲学:哲学是系统化了的世界观、方法论。工作变化越快越新,遇到的问题越困难越复杂,学哲学的作用和效力就越大越神奇。钱学森同志认为:"马克思主义哲学是一件宝贝,是一件锐利武器。如若丢掉这件宝贝不用,实在是太傻了。"二是学习历史:历史是过去的积淀、现在的记载、未来的萌芽。只有认清我们的来程,才能明白未来的去向。读史可以使人思接千载、视通万里,能够培养大跨度思维习惯,收到案例式教学的功效,从而给人以大智慧,催人成功。三是学习艺术:在本质上,艺术活动是一种快乐的辩证思维训练,尤其是能够训练超逻辑的创造性思维能力。国画大师黄宾虹说过:"文人画画到一定程度是画修养。"反之,一个修养到一定程度的人,其工作和生活也像画画一样挥洒自如。总之,学习水平决定工作水平,因此我们一定要自觉地做一个学习型人才。

当前,干部队伍能力不足、"本领恐慌"问题是比较突出的。在纷繁复杂的形势变化面前,耳不聪、目不明,看不清发展趋势,察不出蕴藏其中的机遇和挑战;贯彻新发展理念、推进供给侧结构性改革,找不到有效管用的好思路好办法;面对信息化不断发展,不懂网络规律、走不好网上群众路线、管不好网络阵地,被网络舆论牵着鼻子走,等等。解决这些问题,要加快知识更新、能力培训、实践锻炼。空谈误国,实干兴邦。要像沈浩同志那样坚持一切从实际出发,讲实话、办实事、求实效;开展工作身体力行,亲力亲为,不应付群众,也不敷衍上级;创造出经得起实践、经得起群众、经得起历史考验的工作业绩。

(五)弘扬沈浩同志廉洁奉公、勤政为民、任劳任怨的奉献精神

清正廉洁、无私奉献是共产党人先进性的重要表现,也是沈浩精神的鲜明特点。

沈浩同志不怕苦、不怕累,他坚持在农村基层,置身于群众之中,勤政为民,廉洁奉公。他坚持在其位、谋其政、尽其责,真正把人生价值与党和人民事业的发展紧密结合起来,把全部精力用在干事创业上,做到为官一任,造福一方,展现了当代共产党人的高尚情操。一心为民是党的执政之本,廉洁奉公是党员干部必须遵守的为政底线。作为村里的"一把手",沈浩如要贪图享受、损公肥私,是完全有机会的,但是他丝毫不为其所动。沈浩在日记中写道:"为人,官是当不到顶的,钱也是赚不尽的,应该知足常乐。活着的时候能快快乐乐地度过每一天,死后落个清清白白大干净,这不是很好的一生吗?"即便如此,沈浩还生怕哪天头脑发昏,忘记了慎独,因此他在日记中一再提醒自己一定要以史为鉴,常拿来照照,要慎独。一名优秀共产党员"慎权慎独,自警自励"的修养境界跃然纸上。沈浩认为,"如果平时不刻意'慎独',不注意防范'找上门来'的错误,老是怀着侥

幸心理去为不可为之事,非栽跟斗不可。"沈浩所言,既是对腐败分子失败人生的教训的总结,更是他人生修养的深刻体悟。正如全国优秀共产党员、四川省南江县纪委书记王瑛生前所说:"我们手中的权力都是公共权力,是人民群众让我们保管的。如果用权力谋私利,就是对人民的背叛!"习近平同志在1990年3月出版的《摆脱贫困·从政杂谈》中指出:"为官之德在于清廉。为官一场最起码应留个清名。持身必须以清廉为准则,凡利禄名誉'苟非吾之所有,虽一毫而莫取'。当官做领导,手中握有一定的权力,因此在钱财、名利问题上犯错误的可能性总会比一般人大。"当前,党的队伍主流是好的,绝大多数党员干部有理想、有情怀、能奉献。同时也确实有一些党员干部不具有或失去了先进性。有的入党动机不纯,入党不是为了奉献,而是为了升官发财。孙政才入党,并不是因为信仰马克思主义,想为人民服务,而是为了政治投机、政治野心,为了攫取钱财、个人享乐。司法部原党组成员、政治部主任卢恩光在忏悔时承认,自己就是个"官迷",入党就是想搞个官衔;国家能源局煤炭司原副司长魏鹏远受贿2亿多,他忏悔说,自己入党就是想有地位、多挣点钱,因为钱能给自己安全感,能让子孙不再过自己小时候那种苦日子;云南省委原书记白恩培,先后在陕西、内蒙古、青海工作过,有在黄土高原、蒙古高原、青藏高原、云贵高原工作的经历,但他自从当了高级干部,特别是当了省委书记后,就变了,变得靠山吃山、靠水吃水、靠玉吃玉,什么都敢要、什么都想贪了。有的人只要一干事就要求"回报",跟组织讨价还价。国家发改委原副主任刘铁男在忏悔时说,他有两面人生,一面是"玩命干工作",不少时候是"每天除了睡觉就在办公室",一面是"利令智昏",个人利益至上,两种价值观一旦碰撞,后者轻易就战胜了前者;辽宁省委原书记王珉,在个人政治期望没有得到满足时,便消极堕落,耍性子、撂挑子,对中央决策部署敷衍了事甚至唱反调,最终走上不归路。

廉与洁不可分割。古人说:"不受曰廉,不污曰洁。"陷入腐败深渊的党员干部,多数是从不能洁身自好开始的。现在有些干部认为小节无害,贪图安逸,党员干部面临的诱惑很多,如果放纵私欲,就会迷失人生方向。沈浩同志不为名、不图利,完全彻底地为人民服务。他坚持立身不忘做人之本,为政不移公仆之心,用权不谋一己之利;慎独慎微,始终保持共产党人的政治本色。

通过今天的学习，让感动传递，更让责任与使命升华！立足岗位无私奉献，是新时代进行伟大斗争、建设伟大工程、推进伟大事业、实现伟大梦想的必然要求，是我们党完成历史使命、始终成为坚强领导核心的必然要求。我们要善于把握时代跳动的脉搏，深入学习贯彻习近平新时代中国特色社会主义思想，以沈浩为榜样，忠诚使命、履行职责；立足岗位、奉献人民；务实创新、推动发展，以更加昂扬的精神状态和奋斗姿态，奋进新时代、开拓新征程。

以沈浩为榜样　做优秀村书记

　　沈浩同志是安徽省财政厅干部,2004 年 2 月被选派到凤阳县小岗村任党支部第一书记,2009 年任基层组织调整后的小岗村党委第一书记。2009 年 11 月 6 日因心脏病突发,不幸倒在工作岗位上,年仅 45 岁。沈浩同志在小岗村任职 6 年中,始终以党和人民的事业为重,勤奋务实,干事创业,开拓创新,无私奉献,用年轻的生命诠释了一个共产党员对党和人民的无限忠诚,在广大干部群众中树起了一座巍峨的丰碑。2016 年 4 月25 日,习近平总书记到小岗村视察,下午 15 点 30 分,走进大包干带头人严金昌家中,看到了悬挂在屋子里 2010 年沈浩事迹报告团成员在人民大会堂与他的合影照片,他走上前,仔细地端详着照片,在现场说:"我们的党员干部要继承和发扬大包干精神,要继承和学习沈浩同志精神。"

一、优秀村书记的代表——沈浩

　　2009 年度中央电视台感动中国栏目授予小岗村党委第一书记沈浩同志的颁奖词:两任村官,六载离家,总是和农民面对面,肩并肩。他走得匆忙,放不下村里道路工厂和农田,对不住家中娇妻幼女高堂。那一年,村民按下红手印,改变乡村的命运;如今,他们再次伸出手指,鲜红手印,颗颗都是他的碑文。

(一)小岗人三摁"红手印"挽留沈浩

　　红手印是小岗农民最质朴、最坚决的表达,它揭开了中国农村改革的序幕。小岗历史上先后出现了四次红手印。40 年前,小岗农民为了吃饱肚子,第一次摁下"包干到户"的生死契约,40 年后,2018 年 12 月 18 日,在人民大会堂举行庆祝改革开放 40 周年大会上,小岗村大包干带头人被党中央、国务院授予"改革先锋"称号,第一个接受习近平总书记亲自颁奖。18 位带头人成为让中国历史铭记的"改革先锋"。小岗大包干改革的三十多年后,小岗人又为挽留一位小岗改革路上的带头人——沈浩,先后摁下了三次红手印。

沈浩,1964 年 5 月出生在安徽省宿州市萧县圣泉乡孙秦庄村一个农民家庭,兄弟姐妹 7 人,排行老小。由于他父亲过早离世,家庭生活非常困难,中学时,沈浩曾一度辍学,回家务农。改革开放后,家里的经济条件逐渐好转,沈浩才得以重返校园,继续读书,于 1984 年考入铜陵财经专科学校。1986 年毕业前夕,沈浩加入了中国共产党。

毕业后,沈浩被分配到安徽省财政厅综合处,主要从事国债发行、兑付等工作。2004 年 2 月 10 日,沈浩带着组织的重托,先后担任凤阳县小溪河镇党委副书记、小岗村党支部第一书记、村委会主任等职务。他在日记里写道:"今天,我正式到小岗任职了。我一定要按照省委的要求,引导和带领小岗群众齐心协力谋发展,为省委的决策争光,为财政厅添彩,为小岗人民增富!"这位后来被小岗村村民三次挽留的人,在到来之初却备受反对。1978 年以后,中国的农村面貌日新月异。然而小岗村虽一夜跨过温饱线,却二十年未迈进富裕门。大包干带头人关友江回忆说,"当时沈浩提出'三步走'的发展思路,发展现代农业、招商引资办工业、做大做强旅游业。有的群众讲,沈浩在这儿瞎吹。那时候农民就是觉得,我把地种好,只要有吃的就行,没想要吃得好、住得好,口袋能有多鼓。"

2006 年,小岗村人均收入超过 5000 元。这年秋天,沈浩挂职期将满,小岗村民于 11 月满怀深情写下挽留沈浩的请愿书,摁下 98 个鲜红的手印挽留他在小岗留任,能带领小岗人再奋斗三年。

寒来暑往,又是三年,小岗村人满怀着对富裕的渴望和对深化改革的期盼,于 2009 年 9 月 22 日,186 位村民按下红手印再次挽留沈浩在小岗留任。小岗的老百姓说:"我们红手印不是随便摁的,只有老百姓认可了,才能摁下这红手印。"

2009 年 11 月 6 日,沈浩因积劳成疾,猝倒在工作第一线。11 月 7

日,67 位小岗村民含泪按下红手印请求将沈浩的骨灰安葬在小岗村,以便于小岗人永远祭拜,以便于沈浩书记继续见证小岗村的发展。

六年来,沈浩先后荣获了全国农村基层干部"十大新闻人物"特别奖、安徽省第二批选派干部标兵、安徽省改革开放"三十人三十事"先进个人、"全国百名优秀村官"等荣誉称号。沈浩牢记党的宗旨,用生命践行了一个共产党人的庄严承诺和无比忠诚,小岗村的村民们用三份"请愿书"上那几百个滚烫的红手印表达了他们对党和一名党员干部的无限深情。

(二) 社会各界沉痛悼念沈浩

沈浩,在他人生旅程最后的 2000 多个日日夜夜里,将自己的生命融进了中国农村改革第一村——小岗村,将自己的名字永远地铭刻在了小岗村百姓的心里。

2009 年 11 月 8 日上午 8 时,凤阳县举行仪式,隆重送别沈浩。数千名干部群众来到吊唁厅向沈浩遗体告别,沿途数万名干部群众怀着悲痛的心情,自发挥泪送别沈浩同志。现场,"为党为民鞠躬尽瘁丹心照千秋,无私无畏光明磊落功绩震九州"的挽联格外醒目;巨幅唁联"两任村官沥血呕心带领一方求发展,六载离家鞠躬尽瘁引导万民奔小康",悬挂在灵堂两侧。上午 9 时许,端挂着沈浩同志遗像的灵车,在凤阳县党政主要领导、机关干部、社会各界的代表、小岗村"两委"成员、大包干带头人,以及沈浩同志的亲朋好友护送下,缓缓驶过街头,驶向沈浩生前无比眷恋并为之奋斗献身的凤阳县小岗村。

上午 10 时至 11 时 30 分,在萧瑟的寒风中,小岗村民们扶老携幼,饱含热泪,默默肃立在村头的友谊大道两旁,他们手拿着白色的缎带,上书着"沈浩书记永远跟小岗人民在一起"、"小岗人民永远怀念沈浩同志"……迎接他们的好书记沈浩回到了小岗村。应小岗村村民强烈请求,沈浩骨灰在小岗村公墓安葬。

得知沈浩累倒在工作第一线,英年早逝,2009 年 11 月 8 日,时任中共中央总书记胡锦涛同志作出重要批示:"沉痛悼念沈浩同志。请转达对沈浩同志亲属和小岗村村民的亲切慰问"。原安徽省委书记王金山等看望沈浩亲属,并转达胡锦涛总书记的重要批示和亲切慰问。

沈浩同志逝世后,习近平、李克强、李长春、贺国强等中央领导作出重要指示,要求学习和宣传沈浩同志的先进事迹。原中组部部长李源潮专程看望了沈浩同志的妻子和女儿,转达胡锦涛总书记对沈浩同志的沉痛悼念和对亲属的亲切慰问。

(三)各级党组织响应号召学习沈浩

2009 年 12 月 19 日,原中共中央政治局委员、中央书记处书记、中组部部长李源潮在小岗村调研深入学习实践科学发展观活动时指出,沈浩同志是新时期共产党员的优秀代表,是农村基层干部的杰出楷模,是机关干部下基层为群众服务的先进榜样,是学习实践活动中涌现出的生动典型。李源潮指出,沈浩同志到小岗村任职六年,全心全意、无私奉献,用年轻的生命诠释了一个共产党员对党和人民的无限忠诚。他以一心为民、服务群众的宗旨意识,解放思想、不断创新的改革精神,艰苦奋斗、扎根基层的实干作风,任劳任怨、无私奉献的高尚品德,团结农民、带领百姓的群众工作能力,赢得了小岗村民的衷心爱戴。要把学习沈浩同志先进事迹和崇高精神,作为第三批学习实践活动的重要内容。广大党员干部特别是农村基层干部,要以沈浩同志为榜样,努力做一个让人民群众离不开的好干部、好党员。

中央组织部决定追授沈浩同志"全国优秀共产党员"称号,中央组织部、人力资源和社会保障部、国家公务员局决定追授沈浩同志全国"人民满意的公务员"荣誉称号。安徽省委、滁州市委和凤阳县委先后作出追授沈浩同志"优秀共产党员"称号的决定,并要求广大党员干部向沈浩同志学习,学习他自觉践行科学发展观的政治品质;学习他心系群众、服务人民的公仆情怀;学习他锐意改革、勇于开拓的创新精神;学习他扎根基层、勤奋敬业的务实作风;学习他舍己为公、无私奉献的崇高境界,学习他严于律己、清正廉洁的高尚品德。

2010 年 1 月 13 日,时任中共中央政治局常委、中央书记处书记、国家副主席习近平同志在会见沈浩同志亲属和沈浩同志先进事迹报告团全体成员时指出,沈浩同志是深入学习实践科学发展观活动中的优秀典型。他以忠诚和大爱,以创新和奋斗,以青春和生命,抒写了当代中国农村优秀基层干部的先进事迹和崇高精神,诠释了优秀共产党人的政治品格,树立了新时期基层干部的良好形象。同年 7 月,习近平同志出席反映沈浩先进事迹的电影《第一书记》首映式和图书《沈浩日记》首发式,并号召全国广大党员干部向沈浩同志学习。

2010 年 12 月 3 日至 7 日,由中宣部、中组部及中央学习实践活动办公室共同组织,新华网、《人民日报》、《光明日报》、《中国青年报》、《文汇报》、《农民日报》、《解放日报》、中央电视台、中央人民广播电台、人民网等四十余家中央媒体及地方主要媒体组成的沈浩先进事迹采访团来到凤阳县小岗村,零距离采写"优秀共产党员"、"新时期基层干部的楷模"——小岗村党委第一书记沈浩的感人事迹。在离别小岗之际,"中央新闻单位沈浩先进事迹采访团"的记者们纷纷与村民合影留念,也纷纷在大红的留言簿上写下了真情的话语,表达了他们对小岗的祝福、对英雄的钦佩。中央新闻单位采访团、中央学习实践活动办公室、中央宣传部新闻局刘汉俊同志写道:"你是一粒种子,深深地埋进这片多情的土地;你是一面旗帜,高高地飘扬在这片希望的田野。站起来,你是一尊雕塑;倒下去,你是一座丰碑。沈浩同志,你的精神长存!"《人民日报》记者刘晓鹏写道:"改革精神不息,发展努力不断,让沈浩的人生与小岗人民的奋斗永远鼓舞我们前行。"中央人民广播电台记者张秋实留言:"活着的最好证明就是人们的心里有你。"

大包干带头人纷纷评价:"沈浩事事想着群众,考虑得周到细致,群众没想到的他都能想到,他就是我们的亲人","沈浩是把小岗村和小岗人时刻放在心里的好领导","沈浩为小岗的发展操碎了心","沈浩关心群众胜过关心自己","沈浩是不图一点私利的好官,是难得的好干部","沈浩一心为民,办事公道"。

二、共产党员的旗帜——沈浩精神

原中组部部长李源潮同志在沈浩事迹报告会上说:"沈浩同志是我们党员干部的一面镜子,我们所有的党员干部都应该和他对照,想一想应该怎样对待群众? 怎样对待组织? 怎样对待责任? 怎样对待人生? 广大党员干部,特别是农村基层干部,要以沈浩同志为榜样,像他那样实践'三个代表',像他那样实践科学发展观,牢记宗旨、一心为民,开拓进取、踏实干事,艰苦奋斗、无私奉献,努力做一个让人民群众离不开的好干部。"

2009年12月19日,时任中共中央政治局委员、中央书记处书记、中组部部长李源潮在小岗村调研时指出,沈浩精神概括起来就是:一心为民、服务群众的宗旨意识;解放思想、不断创新的改革精神;艰苦奋斗、扎根基层的实干作风;任劳任怨、无私奉献的高尚品德;团结农民、带领百姓致富的群众工作能力。

(一)一心为民、服务群众的宗旨意识

沈浩放下架子,沉下身子,深入群众,用心融入,把自己当成小岗人。村民们说:"沈浩就是我们小岗人。"

2005年夏天,有一个晚上,突然下起了大雨。沈浩马上想到徐庆山一家,还住在三间危房里。他一翻身,从床上爬起来,摸把雨伞就往外冲。一路上,天又黑,路又滑,深一脚、浅一脚,鞋子陷到泥里拔不出来,他干脆光着脚,一口气跑到徐庆山家。一进门,看见屋里到处漏雨,房顶上的泥灰"哗啦、哗啦"直往下掉。沈浩急忙跑到床边,把孩子抱在怀里,冲着正在发愣的徐庆山两口子喊道:"还不快走!"他帮着徐庆山把要用的东西一趟趟搬到村委会,找了一间房子让他一家暂时住下来。忙活了大半夜,雨水、汗水混在一起,浑身都湿透了,才把徐庆山一家安顿好。因为这件事,沈浩下定决心,要改善群众的住房条件。他想方设法,四处筹钱。2005年底,第一批住宅新区终于建好了。2006年的春节,26户村民欢欢喜喜搬进了新居,徐庆山一家也在村里的帮助下,住上了两层小楼。

86岁的邱世兰老大娘拐棍头子擗了,沈浩怕她不小心摔着,一直记着这事,回合肥时专门给她买了根新的。老大娘说:"我以为他是随便一说,没想到他真给我送来了。这拐棍拄着踏实!"沈浩对待村民像亲人一样,群众也把他当成了自家人。2007年大年三十早上,沈浩一开门,看见邱世兰老人站在门口,忙问大娘有什么事?老人说要请他吃顿年饭,沈浩一听放心了,但不想给大娘添麻烦,连忙说:"老人家,你的心意我领了,饭就不吃了。"大娘说,我可是头一回请村干部吃饭,你不去可不行。老人备

下了鸡鱼肉蛋,请外甥媳妇帮忙,做了一顿她这辈子最丰盛的年饭。沈浩怀着感激的心情,吃了这顿难忘的年饭。等他匆匆赶回合肥,已经是大年三十晚上 9 点多钟了,他的妻子、女儿,还有那 90 多岁的老母亲,还坐在饭桌前,眼巴巴地等着他呢。

沈浩常说:"党员干部只有真心与群众打成一片,才能与他们建立起深厚感情。"沈浩是这样讲的,也是这样做的。

贫困户关友林家属和两个孩子智障,没人操持家务,家里卫生条件差,别人都不愿去他家。沈浩知道后特地去他家走访,中午时,沈浩说:"就在你家吃饭吧,你们吃什么,我就吃什么"。一碗米饭,一盘炒青菜,这就是沈浩来到小岗村后在村民家里吃的第一顿饭。关友林全家 6 口人,有 4 人身体残疾,生活十分困难,沈浩对他家特别照顾,逢年过节都要送去慰问金和年货,还经常给他家送衣送被。困难户韩德国的孙子刚出生,母乳不够,家里又买不起奶粉,沈浩知道后,从自己口袋里掏了 1000 元钱送去。

大包干带头人关友章的遗孀毛凤英老大娘病得较重,沈浩得知,及时把她送到医院。这样的事例在小岗村有很多很多。到村第一个月,沈浩跑田头、走农家,渴了喝口凉水;饿了,村民家里的剩饭端起来就吃,从不嫌弃。沈浩把全村 108 户跑了两遍,和村民促膝谈心,了解情况,在不少人家吃了"一顿饭",这一顿顿饭,逐渐拉近了村民和他之间的距离。

沈浩时刻关心、牵挂着小岗村民。他有个习惯,房间的门从不上锁,村民有事,直接推门而入。2008 年 3 月,小岗村与石马、严岗三村合并,找他的人更多了。沈浩住在二楼,村干部怕影响他休息,趁他外出时在楼下装了个带锁的铁门,沈浩看到后很不高兴:"乡亲们找我肯定有事,你们这样做不是把我与他们隔开了吗!"从此,这扇铁门再也没有锁过。

在沈浩住的小屋里,床头贴着村民联系电话,以便于及时与村民们沟通联系。村民们说,村里的大事小事沈书记都知道。

2008 年村委会新办公楼建成使用后,在沈浩办公室北墙和东墙,各放着一组三人沙发,两个沙发中间是一个单人沙发。每当有村民找他,他总是坐在中间的单人沙发上,而不坐自己的老板椅。对此,他这样说:"我坐在沙发上无论村民坐在哪边,都是离我最近的,和大家讲话方便些,这样老百姓才会亲近你。如果我坐在老板椅上,既隔着一张桌子,又显得高高在上。"

(二)解放思想、不断创新的改革精神

解放思想、不断创新是沈浩精神的核心。小岗村是"大包干"的发源地,沈浩同志以实际行动大力弘扬"中国改革第一村"敢闯敢试、敢为人先的创新精神,担负起"中国改革第一村"不断创新、再铸辉煌的历史重任。沈浩同志把改革创新、勇于开拓的精神转化为促进小岗村科学发展的根本动力,探索了一条符合小岗村特点的科学发展道路。这一项项改革创新、勇于开拓之举使小岗村破解了"一夜越过温饱线,20 年没跨过富裕坎"的魔咒,人均纯收入从 2300 元增加到 6600 元,村民生活得到了极大改善,村容村貌焕然一新。沈浩同志身上体现出的这种改革创新、勇于开拓的精神,充分展示出一个共产党员敢挑重担、与时俱进的魄力和能力。

积极探索,开展土地流转。2008 年 9 月 30 日,胡锦涛总书记视察小岗时的"要根据农民的意愿,允许农民以多种形式流转土地承包经营权,发展适度规模经营……"的重要讲话精神,给这片改革热土带来了新气象,打开了新局面。为优化、盘活土地资源,小岗村在"明确所有权、稳定承包权、搞活使用权"和"依法、自愿、有偿"的原则下,继续弘扬敢为人先的大包干精神,大胆推行土地流转,勇于探索深化城乡统筹发展的新路子。2008 年 11 月 14 日,小岗村率先成立村级农村土地流转交易中心,开展交易业务,至 2009 年底已完成土地流转 1800 亩,使葡萄种植得到迅速发展,GLG 产业园、从玉菜业等招商引资项目顺利落户。

吸引大学生创业,走出一条新路。2006 年,沈浩制定优惠政策,吸引三名安徽科技学院的大学生来到小岗村创业,发展双孢菇生产,随后数十名大学生到小岗村创业。时任中共中央政治局常委、国家副主席曾庆红从中央电视台新闻频道《共同关注》栏目中了解到三名大学生志愿到小岗村发展蘑菇种植和经营的情况后,作出专门批示:"我们在建设社会主义新农村过程中,人才是关键之一。应鼓励与支持有志于新农村建设的大学生,在农村施展才华,艰苦创业,带头致富。希望继续关注他们,并以此带动其他。"大学生进村创业的做法,为大学生村官制度在全国的建立发

挥了重要作用。

成立全国首个大学生民兵连,探索兵民融合发展之路。2009年4月8日,全国首个大学生民兵连——小岗村大学生民兵连正式成立,按照当新民兵、做新农民、建新农村的要求,积极探索新时期兵民融合发展新路子。中央军委委员、国务委员、国防部长梁光烈在小岗村调研时说:"中国农村实行大包干是从小岗村开始的,大学生民兵连也是从小岗村开始的,这就是改革创新,这就是开拓进取。"沈浩同志在小岗村工作期间,弘扬大包干精神,不断改革探索,勇于突破创新,土地流转、吸引大学生进村创业等做法,有力地推进了小岗村的发展。六年中,小岗村以蔬菜、葡萄种植为主的现代农业初具规模;以小岗面业、GLG产业园为重点的农产品深加工业形成一定产能;以红色旅游为主导的第三产业得到迅速发展。

(三) 艰苦奋斗、扎根基层的实干作风

沈浩在吃穿、言语、生活方式等方面把自己彻底"农民化"。在小岗人看来,沈浩对吃穿一点都不讲究。有时忙到吃饭时间,只要村民招呼,他就在村民家里吃顿便饭。村民们都喜欢他这样的性格,说他没有架子,是我们农民的真心朋友。在小岗村上自八旬老人下至刚懂事的孩童早已把沈浩当成自家人。

地摊上几元钱一双的棉鞋,几十元钱的棉衣,沈浩照样穿。一件羊毛衫穿得很旧,还舍不得扔掉。沈浩爱人王晓勤回忆:沈浩到小岗后,也开始抽几元钱一包的香烟,穿几元钱一双的鞋。

六年来,沈浩一直借住在村西头一间不足20平方米的小屋里,屋内陈设简单:一张床、一张书桌、两把椅子、两个书架,屋内的墙皮已经脱落。

熟悉沈浩的人说,他从"城里人"到"村里人"的角色转变很快。遇见财政厅的老同事说话,也从"我们财政厅"变成了"我们小岗村"。

(四) 任劳任怨、无私奉献的高尚品德

翻开沈浩1982年12月23日的日记,其中有这样一段话,"人们常常

把任劳与任怨并提,然我看,任劳与任怨不尽然属于一种思想境界。要做到任劳诚然不易,要做到任怨则更难。这需要忍辱负重,含辛茹苦;有时甚至要蒙受不白之冤,承受着不为群众所同情这样一种精神上的折磨。所以说任怨是比任劳更好一层的思想境界。要心怀若谷,坦坦荡荡,自己认准了就要坚持做下去,这才是共产主义思想觉悟的表现。"

机构改革分流干部的时候,他主动报名去参加学习。当省级机关组织万名干部下农村的时候,他主动报名去当村官。他明知道小岗村条件艰苦、矛盾复杂,但他义无反顾地住进了小岗村,与小岗村的群众同劳动、同生活、同命运。他犯过难、生过病、挨过打,但是他都忍了,因为他把这看作组织交给他的任务,他把自己定位为一个要呕心沥血的人民公仆。他上有老母,下有妻女,但是当组织上因为村民的要求希望他连任小岗村村书记的时候,他服从了组织的安排不放过每一个发展小岗的机会,为了招商引资东奔西走,夜以继日,热情接待每一位来访者,时刻把小岗的形象放在最高处。

长期以来,小岗村只有一条泥土路通往外界。为了打破闭塞,沈浩在争取到一笔50万元资金后,决定修一条水泥路。根据群众呼声,决定延伸友谊大道,将村里唯一一条主干道1100米长的泥巴路改建为水泥路面。如果采取招标的方式,争取来的资金不够,沈浩便召集村民开会算细账、算明账。最终决定由村里租机械、村民自己出工修。没有技术,他请来县交通局的专业人员进行技术指导,没有施工机械就到人家工地上去租去借。修路期间,沈浩一天到晚泡在工地上,自己当小工,扛水泥,拌砂浆。有一次,看到村民拎桶把水泥不小心洒到了地上,他用手捧回水泥,手被烧得片片疤痕。通过三个多月的努力,友谊大道延伸段顺利完工,经决算,50万元不仅没有用完,还节省近20万元的资金,又用节约的钱新建了两条水泥叉路。通过自己修路,沈浩既培养了一批施工人员,还使村民在参与施工过程中获得劳动收益。就是这条路的修建,使沈浩赢得了小岗村民的信任,使小岗人明白了省城来的沈书记不是来小岗镀金的,他是来小岗村干实事、为村民干好事的,也使小岗村人的精神面貌有了较好的改观,这条被命名为友谊大道的道路也成为沈浩点燃小岗的"第一把火"。

2006 年，严学昌想弄一条小岗至合肥的客运线路，于是找到沈浩帮忙。"为了小岗人的方便，为了小岗村的发展，我能出力的一定出力"，沈浩觉得这是好事，就忙着替老严张罗。可是，到合肥一谈，对方不屑一顾：小小的村子都来合肥开专线了，合肥不成了大停车场啦。沈浩不气馁，又拉着老严跑交通厅，跑运管处，跑汽车站，还自个掏钱赔着笑脸请人吃饭，不让严学昌掏半个子儿。年底，小岗至合肥的客运专线终于开通了，沈浩还给他办了低息贷款 10 万元买车。2007 年，村里建农贸市场，但牵涉到调换村民严家宏的地。一开始，严家宏死活不肯。沈浩就带他到外地参观开眼界。回来后，又带着酒菜，到他家去谈心。杯酒下肚，严家宏松口了。可喝到最后，严家宏反悔，起身摔酒杯："沈书记你可别把我灌醉让我签字！"看着严家宏真发火了，沈浩悄悄而回。回到住地，这个坚强的淮北汉子，眼泪刷地流了下来。可为了乡亲的事业，第二天一早，沈浩又带着笑脸去做工作。其实，严家宏也不是一点不通情理，想想沈浩也是为大家办好事，于是不再做"钉子户"，"原来你们干部也会软磨硬泡！"2009 年，小岗村敬老院工程上马，需要动迁两位老人家的祖坟，他们以"地块风水好"为由拒绝搬迁。大家左说右劝，可他俩就是不松口，沈浩委屈得想卷铺盖走人。可是，一想到村里的孤寡老人，年底还盼望着住进新房哪！一顿闷觉后，沈浩又大大咧咧出现在老人面前。最后，打了个主意，把两位老人拉到原地委书记家做客，请老书记亲自出面，终于把工作做通了。2006 年，65 岁的五保户韩庆江哮喘病突然发作，沈浩及时把他送去医院抢救，老韩在医院住了 38 天，沈浩用身上所有的钱帮他交了住院费。病治好后，又安排他在小岗钢构厂当门卫，一个月能挣 500 多元。老韩逢人就讲："我能有今天，多亏了沈书记！"

70 岁的大包干带头人关友章的遗孀毛凤英老大娘家境贫寒、常年生病，她两次找到沈浩都没空手而归，一次 1000 元，一次 500 元……有次她病得较重，沈浩得知后，把她送到医院，找到院长亲口嘱托："老人家不容易，你尽管给她治疗，账我来结。"舍家忘我近几年，沈浩几乎把自己所有精力都奉献给了小岗，留给家人却只是片言只语和些许遗憾。偶尔一次大年三十回趟家，初二就匆匆赶回小岗；每次都只是路过，匆匆看上一眼家人；答应好看女儿，说来真是对不起女儿。"因为在小岗，很难尽做父亲的义务",沈浩在日记中这样表达对女儿的歉意。2004年沈浩去小岗任职时,女儿沈王一才是9岁的孩子,怎么也不能理解,爸爸为什么离开自己,去那么远的地方当"村官",抱着爸爸怎么也不让他走。妈妈便骗她,"村官"是个特别大的官,爸爸做的是很伟大的工作。女儿信以为真,在送给爸爸的照片背面写上:"我爱你爸爸,祝你身体健康,万事如意,还有别做贪官!"女儿天真可爱的"告诫",成了沈浩心中重若千钧的执政原则。

(五)团结农民、带领百姓的群众工作能力

沈浩作为省直机关干部,为了小岗村的事业,以村为家,扎根小岗,六年如一日,把自己的心血,乃至生命无私地奉献给他所挚爱的小岗村。村民说:"我们这么多年没有见到过沈浩这样的好书记!他处处为小岗村着想,没有他我们哪能家家户户住上这么好的房子? 在小岗村六年,沈书记没有节假日、没有星期天,除了外出开会、招商,基本都在村里,哪一年春节都忙到大年三十中午才回家,刚过年就回到村里。这样的好干部,谁个能不拥护他!"

2008年9月30日,在党的十七届三中全会召开前夕,原中共中央总书记胡锦涛同志专程视察了小岗村,对小岗村近年来的发展给予了充分的肯定,并提出了殷切希望。当总书记得知沈浩是在圆满完成三年选派任务后由村民自发摁手印让他留下来连任的,高兴地握住他的手说:"群众热情地留下你是对你最大的褒奖。"沈浩后来说:"那一瞬间我感到什么委屈都没了,我感到浑身充满力量。"作为农村基层组织的带头人,沈浩忠实地履行了一心为民、服务群众的宗旨,他发扬艰苦奋斗、扎根基层的实干作风,他弘扬任劳任怨、无私奉献的高尚品德,他具有团结农民、带领百姓的群众工作本领,他是当代共产党员的优秀代表,是农村基层干部的杰出楷模,是机关干部下基层为群众服务的先进榜样,是学习社会主义核心价值观涌现出的生动典型。

三、以沈浩为镜　做群众离不开的好干部

村党支部是党在农村的桥头堡和全部工作及战斗力的基础,是落实

党的路线方针政策和各项工作任务的战斗堡垒。而村党支部书记,是村党支部的核心和"灵魂",也是村党支部发挥领导核心作用的关键,从某种意义上说,他们是农村各项工作的"领头雁",是农民群众的"主心骨"。沈浩就是这样一个"领头雁"和"主心骨"。沈浩在小岗村的六年,是村民得实惠最多的六年,也是改革开放三十年来小岗村发展最快的六年。沈浩在小岗村的六年工作,对我们当好村支部书记有什么启示呢?

(一) 要抓好队伍建设

沈浩到小岗村后了解到小岗村"一夜越过温饱线,二十年没跨过富裕坎"的一个重要原因是缺少强有力的领导核心,决定从建设一个强有力的班子入手,确定了"搁置争议快发展、建好班子强核心"的工作思路。他先后制定了《党支部议事规则》《民主评议干部、党员制度》等,规范各项工作运行;多次组织村干部外出考察学习,增强他们的发展意识;在大学生村官中选调三名村官到小岗任职,为小岗村班子建设注入了新鲜血液;推行为民服务全程代理、无职党员设岗定责和党员承诺制,充分发挥党员干部作用,形成了"主要干部抓全面、一般干部管一片、党员包户搞创建"的工作机制,使小岗村的各项工作逐步走上了制度化、规范化的轨道,引领发展的核心力量明显加强。沈浩通过抓班子和党员队伍建设,加强了小岗村的发展核心,为村党支部书记抓班子带队伍提供了宝贵经验:

在抓班子建设方面——一要配强班子:应将能干事、会干事、愿意为群众服务的致富能手、选聘生、退伍军人、返乡知识青年等,通过法定程序选进村领导班子;二要注重团结,充分发挥班子整体作用:村党支部书记应充分发挥凝聚作用,使班子成员在思想上、工作上、生活上共勉,做到互相信任、互相支持、互相关心,以此增进班子团结,激发干事创业热情,充分发挥班子的整体作用;三要实行分工负责制:重点建立健全村两委分工合作、各司其职、协调运作、规范管理的工作运行机制,要让人人有担子、有压力,个个有目标、有动力;四要民主决策:应坚持民主集中制,对重大问题和重大事项,坚持班子集中研究决定,不搞"一言堂"个人说了算;五要培育一支后备干部队伍:应将村内致富能手、外出务工返乡人员和退伍军人中的优秀分子纳入到村后备干部中,并注重对他们的培养。

在抓党员队伍建设方面——一是要按照"三会一课"的要求,定期组织党员过组织生活;二是要建立党员日常管理制度:可将党员日常活动记录在册,党组织按手册了解党员动态,有针对性地落实管理措施,实施考核评议;三是要探索保持党员先进性的方式和载体,充分发挥党员在新农村建设中的作用:开展"双培双带"和无职党员设岗定责等活动,让党员与群众"零距离"接触,让党员先进性在实际工作中体现;四是要抓好发展党员工作:严格按照"十六字"方针发展党员,重点培养发展产业大户、经营能手、创业能人、返乡务工人员中的年轻人,为农村党员队伍输入新鲜血液。

(二) 要有良好的品行和作风

沈浩作为一名省直机关到基层工作的干部,就是凭着良好的品行和作风赢得了小岗人的支持。他清正廉洁。到小岗工作六年,他一直居住在村里一间简陋的平房里,没有一件像样的家具,从不讲究吃穿,工作忙时,随便吃几口填填肚子,一件毛衣穿了多年也舍不得丢掉。他勤奋敬业。在小岗村任职期间,节假日很少休息,坚持在村里工作。为了小岗村的发展,四处奔波招商引资,有时连饭都顾不上吃。他无私奉献。沈浩把全部精力和时间都放在了小岗村,没有时间照顾90多岁的老母亲,也不能为爱人分担家庭担子,更没有时间辅导女儿的学习。每年年三十总是先陪五保户、孤寡老人过年,然后再赶回去与家人团聚。他守孝道,对母亲特别孝顺,参加工作后,每年春节,他都不忘给母亲换些零钱,留给母亲发给晚辈。到小岗村工作后,每次回家看母亲,都帮母亲梳头、洗脚,晚上还睡在母亲床边的沙发上,陪母亲唠嗑。他公道正派,"有困难,找沈浩",已成为小岗村民的一种习惯,说明小岗人对他是充满了信任,也说明了他处事公道。

沈浩用自己的品行和作风,赢得了小岗人的支持和爱戴,为村党支部书记树立了榜样:一要有较强的责任心。强烈的责任心是干好工作的前提和保证,如果缺乏责任心,肯定干不好,也干不长。二要公道正派。农村的每项工作都涉及到许多人的利益,有时还牵涉到村支书家人、亲戚和朋友。这就要求村支书想问题、办事情,都应该以事业为重、以群众为本,处理问题要一碗水端平,对待群众一视同仁,不以权谋私,不优亲厚友。三是要民主。应树立民主意识,重大事项坚持集体研究决定。应坚持党的组织生活制度,定期召开支委会、党员大会,及时通报工作情况,坚持民主评议干部、评议支部和支部民主生活会制度,做到班子成员互相监督并接受广大党员的监督。四要乐于奉献。目前,还有很多村经济落后,交通不便,生活条件艰苦,在这种情况下,村党支部书记应有奉献精神,真正沉下去,扎实工作,赢得群众的认可和支持。五要能吃苦。养成吃苦耐劳、艰苦奋斗作风,在工作中身先士卒,作干部群众的表率,在困难面前不低头,挫折面前不气馁,当好人民的公仆。六要清廉。村党支部书记应该洁身自爱,不被物役,坚守做人的道德情操不动摇,更好地为基层群众服务。

(三)要对群众有感情

沈浩是一个对基层工作和群众有着深厚感情的人。他时刻把群众的利益放在首位,真心实意地为人民群众办实事。群众安危、冷暖是他最大的牵挂。他经常到农户特别是贫困户家中,体察他们的疾苦,倾听他们的呼声,为他们排忧解难。他自己掏钱给困难户刚出生的孩子买奶粉,在暴雨之夜他冒雨转移住在危房里的困难户。正是有了这种感情,当面临选择时,沈浩毅然走向小岗村。也正是他的这种情怀,小岗的干部群众才对他有着亲人般的信任,在他第二批选派任务即将完成时,98位党员干部群众联名摁下红手印挽留沈浩再干三年,2008年3月他又高票当选为村党委书记、村委会主任。

沈浩亲民、爱民之举,令人敬佩,值得我们学习和借鉴:一要时刻把群众的冷暖放在心坎上。心里要时刻装着群众,把群众的需要作为第一需要,设身处地地站在群众的立场上想问题、作决策。要从小事做起,从生活的点滴做起,多办利民之事,时刻以"群众满意不满意,高兴不高兴,赞成不赞成,拥护不拥护"作为衡量工作得失的第一标准。二要把群众当亲人。要把群众当成衣食父母和兄弟姐妹,体恤他们的困难,感受他们的情绪,关心他们的疾苦,倾听他们的呼声,下大力气、花大功夫用心去做,让群众有信心、有依靠、有寄托。当群众的代言人,反映群众的意愿,用行动来让群众心悦诚服。三要倾听群众的呼声和意见。了解群众之所想、所盼、所求、所怨,沟通思想,增进感情,真正建立同群众的密切联系。村支书要经常串串老百姓家的门,听听他们的呼声,了解他们的需求和困难,联络联络感情,并力所能及地为他们排忧解难。四要真心办对群众有利的事。应从解决人民群众最关心、最直接、最现实的问题入手,扎扎实实为群众办实事。开展工作时,应考虑到群众的想法、利益,听取群众的意见,多办一些暖民心、管长远的事,让群众真正得到实惠。要讲诚信,答应群众的事应该尽快办到,群众需要解决的事能解决的应该马上解决。

(四)要有群众工作方法

沈浩到小岗村后,注重坚持群众路线,讲究群众工作方法,干什么事情都与村民将心比心,深入细致地做群众思想工作。他经常到群众家聊天,以此来了解群众和让群众了解自己。群众到他办公室谈事,他不是高高在上坐在办公桌前,而是与群众一起坐在沙发上,促膝交谈,以此拉近与群众的距离。村集体资产被人占用,他坚持原则,通过法律手段收回。他将真心、真情融入到实际工作中,落实到具体行动中,从而得到群众的信任,开创了小岗和谐发展的新局面。

做好群众工作,一要善于做群众工作。沈浩的群众工作方法很有代表性,我们应从中汲取营养,加以学习和利用。他善于抓住群众思想方面的难点、焦点,寓说服于严肃性、艺术性和趣味性一体。提高社会交往能力,适当参加社会交往,这样才会更有"人缘",党员干部、群众才会和你同甘共苦,打成一片,才愿和你做知心朋友。二要善于与群众拉家常。拉家常是一种与群众沟通关系、增进了解、联络感情的好途径和好方法,其实质是对群众动之以情。通过与群众拉家常,拉近与群众的距离,有利于与群众沟通交流,消除一些矛盾和隔阂;有利于建立相互之间的信任,深化友谊。三要依法办事。定期开展政策法律宣传活动,把政策法律原原本本交给群众,让群众知法、懂法,提高他们运用法律手段解决生产、生活中矛盾的能力。坚持依法建制,以制度管人。把土地流转、村办公益事业等工作,以《村规民约》等形式确定下来,把村级各项事务纳入依法管理的轨道。四要讲究艺术。村党支部书记大多是本村人,开展工作面对的不是亲戚就是朋友,这就要求村党支部书记应有一定的领导艺术。学会弹钢琴,团结一班人形成一个战斗堡垒,共同开展工作;发挥表率作用,遇到困难带头上,难的工作主动干;要胸怀宽广、大度,做到容人、容事、容话,听得进一些同志的反对意见,能承受住各种误解、责备。

(五)要善于谋发展

现在农村存在一些这样那样的问题,说到底是发展问题没有解决好。沈浩在日记中写道:"发展是根本,发展是硬道理,只有发展才是致富的唯一途径,只有发展才能建设社会主义新小岗,因此,一定要牢牢扭住发展这个牛鼻子。"他到小岗后,带领党员干部和大包干带头人到大寨、耿庄、西沟等先进村进行实地考察,组织大家开展解放思想大讨论,根据小岗村实际制定了开发现代农业、发展旅游业、招商引资发展村级工业的发展路径,使小岗村的发展充满了生机和活力。

沈浩谋划小岗村的发展,使小岗村走上了发展的快车道,为党支部书记带领群众谋发展开拓了思路,指明了方向:一要有发展的意识。意识决定行动。村支书要把发展经济、带领群众奔小康和建设新农村作为自己的首要职责,牢固树立"自己不致富、不配当干部;不能带领富,不算好干部"的思想,千方百计,创造条件,发展本村经济。二要有发展思路。一个好的工作思路和措施,可以达到事半功倍的效果。在谋划发展思路时,一方面要立足实际,把本村的区位、资源等优势变成发展优势。另一方面,要放宽视野,跳出本村的小圈子,根据市场需求,学习借鉴外地的成功经验,找到发展经济的出路。三要善于借助外力。发展经济既要靠自己的努力,也要借助外部的有利条件,特别是对那些基础条件薄弱,长期处于贫困落后状态的村,更需要外力的推动。要打好基础,强筋壮骨,快速发展。善于借助本村在外工作人员的力量,动员他们为家乡的发展出力。

(六)要敢于创新

解放思想、改革创新,是破解发展难题的源泉和动力。沈浩同志坚持把解放思想、开拓创新的精神作为促进小岗村发展的根本动力,通过深入调研,探索出一条符合小岗村特点的发展道路。他带领村两委一班人积极转变观念,以改革求突破,推进土地承包经营权的流转,引导农民成立专业合作社,引进大学生到村发展特色农业,加快农业产业化步伐,使小岗村充满生机和活力,一步步迈上新台阶。正是有了沈浩这种创新举措,才使这个以前捧着"第一村"的金字招牌还富不起来的小岗村富了起来。

沈浩的创新理念和创新实践给小岗村带来了巨大变化,为我们村党支部书记结合实际带领群众致富奔小康拓展了思路:一是要解放思想,转变观念。目前,在少部分村党支部书记中还存在小农经济、计划经济和怕风险等思想,这种思想在一定程度上阻碍了农村经济社会的发展。新时代的村党支部书记,应该要解放思想,跳出过去的思维和工作圈子,增强市场经济意识、开拓意识、赶超意识、服务意识,做到与时俱进、开拓进取。二是在工作思路上要创新。要拓展工作思路,抓住农业产业化这个根本,跳出"农"字找出路。进一步调整产业结构,立足当地实情,调出本地的优势和特色,抓好规模生产,抓好集约经营,抓好现代营销,大力推进农业产业化。三是在管理上要创新。在管理方式上要由主观型向民主型转变,积极引导支部一班人,群策群力开展工作,建立健全责任制,激发每一个村干部的潜能。充分发挥村委会及各类自治组织、中介组织在村级管理中的作用,通过健全村民会议和村民代表会议制度,推进民主管理。在管理模式上要建立健全各项规章制度和村规民约,推进依法治村进程。四是要在党组织的设置上创新。结合本村特点和实际,从有效发挥基层党组织作用,便于党员参加组织生活的角度出发,按专业化生产要求、在行业协会中运用以企带村等形式灵活设置党组织,扩大覆盖面。

当前,我国正处在改革发展的攻坚期,党面临着各种严峻而复杂的考验,精神懈怠危险、能力不足危险、脱离群众危险、消极腐败危险更加尖锐地摆在全党面前,同时还面临着已经和正在发生深刻变化的国际环境。在这种复杂多变的国情、党情和世情下,要推进党的建设,归根到底就是广大党员干部要发扬沈浩精神,自觉到条件艰苦、环境复杂、党和人民事业需要的地方砥砺品质、锤炼作风、增长才干,始终坚持"忠诚干净担当"的价值观,始终坚持以改革创新、勇于开拓的精神研究新情况、解决新问题、创造新经验推进乡村振兴取得突破。

凤阳出了个朱元璋

　　著名历史学家孟森在《明史讲义》中提到："中国自三代以后,得国最正者,惟汉与明。"何为"得国最正"? 即通过从底层拉队伍,一直坐上龙椅。正如孟森所言,在中国历史上,从社会底层登上皇帝宝座的只有两位,一位是生于江苏沛县的汉朝开国皇帝刘邦,一位是生于安徽凤阳的明朝开国皇帝朱元璋。不过,刘邦曾做过沛县泗水亭长①,而朱元璋在投身反元起义之前只是个放牛娃、小沙弥和游方僧。按照孟森的逻辑,不难得出这样的结论,与汉相比,明得国更正。本专题结合正史、笔记、传说等文献,以中国历史上身前身份反差最大的朱元璋为中心,讲述那个时代所发生的一些故事,并探讨他与龙兴之地凤阳之间难以尽言的关联。

一、生于凤阳　长于凤阳

(一) 朱元璋的出生

　　关于朱元璋的出生地,学界曾经有过一定的争议,但关于朱家的远籍、祖籍以及迁徙之路,均有定论,因为正史以及朱元璋的表述中均有明确记载。

　　1. 远籍:江苏沛县

　　《明史·太祖本纪》载:"太祖先世家沛。"

　　或正因如此,朱元璋极为佩服刘邦,且经常以刘邦为榜样;也正因为

---

① 亭长属于低于县二级的行政建制长官,级别相当于现在的派出所所长,掌治安警卫,兼管停留旅客,治理民事。

如此,学界与民间经常将二人的异同与功过是非放在一起进行对比。

2. 祖籍:江苏句容

朱元璋所撰《朱氏世德之碑》载:"本宗朱氏出自金陵之句容,地名朱巷,在通德乡。"

据查,朱巷即今句容市华阳镇戴家边村附近。

3. 朱家迁徙之路

由于朱家在元代被划为淘金户,而江苏句容无金可淘,只能走上举家迁徙之路。

元至元二十六年(1289),朱元璋的祖父朱初一迁至盱眙(今盱眙县明祖陵镇境内)。元天历元年(1328)前,朱元璋的父亲朱五四举家迁至钟离之东乡(今凤阳县小溪河镇燃灯社区金桥村)。元至元四年(1338),再迁至钟离之西乡(今凤阳县临淮镇汤府村附近)。但在此地时间不长,于元至元五年(1339)迁至太平乡孤庄村(今凤阳县府城镇二十营村,明皇陵北1公里左右)。这也是朱五四最后一次携家人迁徙。

4. 帝王降生

关于朱元璋的母亲,《朱氏世德之碑》载:"先老君娶陈氏,泗州人。"在朱五四迁至凤阳之前,陈氏已为朱家生有三子。朱元璋所撰《御制皇陵碑》载:"皇考有四子:长兄讳某(重四),生于津律镇;仲兄讳某(重六),生于灵璧;三兄讳某(重七),生于虹县。"《朱氏世德之碑》载:"某其季也,先迁钟离,后戊辰(1328)所生。"按朱氏重字辈大排行算,朱元璋的伯父朱五一所生四子为重一、重二、重三、重五,朱元璋为重八。朱元璋生于天历元年九月十八日(1328年10月21日),并非当年明月《明朝那些事儿》中所说的八月初八(因而名重八)。进入郭子兴义军后,改名兴宗,后定名元璋,字国瑞。

翻开史书不难发现,大凡帝王降生,必有异象相伴。朱元璋降生时也是如此。

明成祖朱棣在为明孝陵撰写的《孝陵神功至德碑》中,编造了一些所谓"圣瑞"之象:"初,皇祖妣淳皇后,梦神馈药如丸,烨烨有光,吞之,既觉异香袭体,遂娠皇考。及诞之夕,有光烛天。"

《明史》载:"及产,红光满室,夜数有光起,邻里望见,惊以为火,辄奔救。"《太祖实录》所载与之相当:"夜数有光,邻里遥见惊以为火,皆奔救,至则无有,人咸异之。"

《天潢玉牒》、《龙兴慈记》的记载更是神乎其神。

不署撰人的《天潢玉牒》载:"九月十八日,太祖高皇帝降诞。适遇陈太后在麦场,见西北有一道士,修髯簪冠,红服象简,来坐场中,以简拨白丸置手中。太后问曰:'此何物也?'道人曰:'大丹,你若要时与你一丸。'不意吞之,忽然不知何往。及诞,白气自东南贯室,异香经宿不散。"

王文禄所编《龙兴慈记》载:"泗州有杨家墩,墩下有窝。熙祖(朱元璋的祖父朱初一)尝卧其中,有二道士过,指卧处曰:'若葬此,出天子。'其徒曰:'何也?'曰:'此地气暖,试以枯枝栽之,十日必生叶。'因呼熙祖起,曰:'汝闻吾言乎?'熙祖佯聋。乃以枯枝插之去。熙祖候之十日,果生叶。熙祖拔去,另以枯枝插之。二道士复来,其徒曰:'叶何不生也?'曰:'必此人拔去矣。'熙祖不能隐。道士曰:'但泄气非长支传矣。'谓曰:'汝有福,殁当葬此,出天子。'熙祖语仁祖(朱元璋的父亲朱五四),后果得葬。葬后土自壅为坟。半岁陈后孕太祖。皆言此墩有天子气。仁祖徙凤阳,生于盱眙县灵迹乡。……诞时,二郎神庙徙去路东数十步,携浴于河,忽水中浮起红罗一方,取为褓,今名红罗幛。……圣祖始诞,屋上红光烛天。皇觉寺僧望见之,惊疑回禄也。明发扣问,告以诞。"

传说越传越广,情节也越来越神异,但彼此之间矛盾不一。有说发生在钟离东乡,有说发生在盱眙灵迹乡或太平乡的。至明中期,泗州盱眙的地方官借修纂方志之机,把种种"圣瑞"之象都移植到盱眙境内,并在盱眙灵迹乡刻石立碑,等于将朱元璋出生地定在盱眙。1932年,盱眙县的灵迹、太平诸乡划归安徽嘉山管辖。1994年,嘉山撤县,设立明光市。"盱眙说"又演变为"嘉山说"、"明光说"。无论是"盱眙说",还是"嘉山说"、"明光说",都缺乏可靠的第一手资料为依据,完全是基于传闻,荒诞不经,漏洞百出,因而学界多不再为之争议,"凤阳说"基本已成定论。

高岱《鸿猷录》载,朱元璋刚生下来时三四天不会吃奶。《皇朝本纪》载,朱元璋出生时,肚子胀得圆圆鼓鼓,险些不救。五四公做了一个梦,梦里觉得孩子不济事了,觉得只有菩萨救得下,索性舍给庙里,遂抱着孩子进了一个大庙。寺里和尚一个也不在,只好又抱回来。梦醒后,看到小朱元璋正在哭，还会吃奶。过几天，小朱元璋的肚胀也好了。但是长大后还是小病小灾，父母着了慌，想起当年的梦，才真的到寺里许了愿，给孩子舍了身。

（二）朱元璋的青少年时期

1. 放牛娃

朱元璋的童年和封建时代贫苦家庭孩子的童年基本一致。父亲给地主刘德种田，勉强糊口。小朱元璋也曾上过几天私塾，但主要还是为地主家放牛。

《龙兴慈记》载，朱元璋少年时期常和玩伴们玩大臣跪拜皇帝的游戏。他自己头戴用大板子做的"平天冠"，让小伙伴每人捧一块木板当笏，接受他们的跪拜。又载，朱元璋伙同其他玩伴吃地主家的小牛，自己愿意承担地主的惩处。至今燃灯社区金桥村一带还留有所谓的"烀牛锅"遗迹，但终归是民间传说。

上述故事虽然不足取信，但其中所包含的信息与此后朱元璋的成长之路是不矛盾的：朱元璋生活于社会最底层，在儿时的游戏和日常生活中逐渐养成一定的领导能力，并具备较强的担当意识。

2. 小沙弥

元至正四年（1344），旱灾、蝗灾与瘟疫在淮河流域肆虐。钟离太平乡成了人间地狱，几乎家家死人，天天死人。朱元璋家中情况更是凄惨，半月之间四人丧命。四月初六，父亲朱五四亡。四月初九，长兄朱重四亡。四月十二日，朱重四长子亡。四月二十二日，母亲陈氏亡。正如《御制皇陵碑》中所写："昔我父皇，寓居是方。农业艰辛，朝夕旁徨。俄尔天灾流行，眷属罹殃。皇考终于六十有四，皇妣五十有九而亡，孟兄先死，合家守丧。"

朱元璋与二哥朱重六哀求地主刘德，然而"德不我顾，呼叱昂昂，既不与地，邻里惆怅"。幸好刘德的兄长刘继祖慷慨，"惠此黄壤"。但赤贫之家突遭大难，丧事办得极为寒酸："殡无棺椁，被体恶裳，浮掩三尺，奠何肴浆？"《龙兴慈记》等文献记载，兄弟俩刚将尸首抬到刘继祖惠赠的"黄壤"，突然间电闪雷鸣，风雨大作，因而只能到他处躲避。等返回时，坡上的泥土随山洪而下,已将尸首掩埋。

此时朱元璋一家仅剩四口:大嫂王氏、二侄朱文正、二哥朱重六和朱元璋。朱重六身体羸弱,无法担负养家重担,只能携妻逃荒,然而不久便死在逃荒路上。大嫂又带着朱文正回到娘家。亲戚中贫的贫,散的散,死的死,也不可能接纳得下朱元璋。无奈之下,朱元璋接受村中汪大娘的建议,进入皇觉寺①,成为一名小沙弥,拜高彬和尚为师。

然"居未两月,寺主封仓,众各为计,云水飘飏",朱元璋成了一名游方僧人,活动于皖北、河南一带。而此处正是元末农民起义极为活跃的地区,系东系红巾军的活动中心。② 在此期间,朱元璋虽然"朝突炊烟而急进,暮投古寺以趋跄,仰穷崖崔嵬而倚碧,听猿啼夜月而凄凉",经历了难以言尽的苦涩悲凉,但也扩大了眼界,锻炼了意志,磨砺了品格,尤其是接受了起义思潮的洗礼,为今后加入义军奠定了坚实基础。

游方三年后,二十岁的朱元璋返回皇觉寺中。又过三四年,濠州(凤阳)的农民起义也风起云涌,城中有郭子兴等起义领袖。

3. 从马前卒做起

至正十二年(1352),皇觉寺失火,朱元璋失去庇身之所。此时只有三条路:到他处逃荒;像父亲一样做佃农;投身军队。此时,元兵攻打淮西流域,到处杀人放火,奸淫掳掠,甚至杀良冒功。走前两条路,最好的结局就是终老他乡或乡里,但稍有不慎,就会在天灾人祸中成为亡魂。儿时玩伴、正在郭子兴帐下任千户的汤和恰巧此时来信,邀其加入义军。正在"既忧且惧,无可筹详"之际,竟然"傍有觉者,将欲声扬",等于硬将朱元璋送上反元起义的道路。朱元璋在求神问卦之后,得到"从雄而后昌"的卦示,因而毅然奔赴正与元军对垒的濠州城。

刚入城时,朱元璋差点被当成奸细而被杀,幸而被郭子兴救下,成为义军的一员。因粗通文墨,且为人仗义、颇有见地,随后被提拔为九人(夫)长,又被任为亲兵,经常参与议事。次年,郭子兴将养女马氏嫁与朱

---

① 后因建皇陵而迁,更名龙兴寺。龙兴寺现位于凤阳县城北。

② 元至正十一年(1351),红巾军起义掀起元末农民起义的高潮。其主要力量有两支,一支为起于颍州由韩山童(韩山童死后,其子韩林儿代之)、刘福通领导的东系红巾军,一支为起于蕲州由徐寿辉、彭莹玉领导的西系红巾军。

元璋为妻,朱元璋也就一夜之间成为郭子兴的至亲。一年之中,朱元璋为何从一个落拓无依的小和尚,成长为众人称羡的元帅女婿,并进入郭子兴队伍的决策层和领导层? 除了郭子兴慧眼识英才、朱元璋"状貌奇伟,异常人"等因素之外,还有三个关键原因:度量豁达,有智略,勇敢果决。也就是说,朱元璋的素养与能力决定了他的快速成长。

二、逐步壮大　定鼎南京

在濠州城期间,朱元璋不仅多次冲锋陷阵,立下累累战功,还曾救出身处险境的郭子兴。徐州芝麻李的义军被打败后,麾下大将彭大与赵均用退至濠州,与濠州城的五位元帅(郭子兴、孙德崖、俞某、鲁某、潘某)共守城池,但地位在五位元帅之上。彭大与郭子兴较为亲近。孙德崖等策动赵均用反郭,又将郭拘系于孙家中,并准备杀掉郭。在淮北打仗的朱元璋闻讯立即返回,将此事禀告彭大后,率家人打进孙家,救出郭子兴。

(一) 从定远到和州

1. 羽翼渐丰

面对元兵的围攻,濠州城内的几位义军领袖暂时捐弃前嫌,最终化解危机。但义军亦遭重创,其中郭子兴的实力也大受损伤。朱元璋回乡募兵,得 700 余人。郭子兴大喜,任命朱元璋为镇抚,亲自带领这支部队。但朱元璋知道,濠州城内派系林立,终非大业成就之地,再加上郭子兴疑心较重,胸襟狭隘,遂在征得郭子兴同意后,从中选徐达、汤和、周德兴、耿炳文等 24 人,向外发展。

朱元璋打定远初期,得民兵 3000 人,再以此为班底,降服地主武装领袖缪大亨,获新兵 2 万人,又得冯国用、冯国胜(即大明开国后被封为宋国公的冯胜)兄弟和李善长等人,之后再下滁州,侄朱文正、外甥李文忠来投,此时麾下将士已达 3 万人,实力已非濠州城内诸元帅可比。

彭大死后,赵均用专权,欲杀驻兵泗州的郭子兴。朱元璋暗示滁州守军不会容忍此举,并买通赵均用左右,使得郭子兴顺利率麾下 1 万人抵达滁州。朱元璋将兵权交给郭子兴,打消其疑虑。后说服郭子兴,救援被元军围困的六合义军。但随后朱与郭的矛盾也逐步显现,其根本原因在于朱元璋的能力日益显现,而郭子兴担心帅权旁落,尤其是担心其子郭天叙不是朱元璋对手。不过由于朱元璋夫妇诚心化解矛盾,以及朱元璋在军中不可动摇的地位,二人的矛盾最终没有激化,并进而导致这支义军分崩离析。

2. 独当一面

滁州城小,养不下数万人。而和州系农业生产重地,且南临长江,经济与军事地位都高于滁州。朱元璋请命,攻下和州,被任命为和阳总兵官。在此期间,朱元璋整肃军纪,深得人心,进一步树立了在军中的威望,也顶住了元军对和州的反扑。

和州局势稳定不久,孙德崖率军来和州就食。考虑到郭、孙的旧隙,朱元璋原本不愿答应,但又担心孙德崖破罐子破摔,只能勉强答应。郭子兴从滁州赶来问罪,并准备杀掉孙德崖。郭子兴抓住孙德崖后,朱元璋担心激起更大冲突,从中斡旋,却被孙德崖所部扣下。郭子兴最终释放孙德崖,换回朱元璋,却因此忧愤成疾,一病而亡。

郭子兴死后,郭子兴之子郭天叙任这支义军的都元帅,郭子兴之妻弟张天祐为右副元帅,朱元璋任左副元帅。虽然能力远在郭、张二人之上的朱元璋没有成为都元帅,但他不争不抢,专注于反元大业,并在南下发展过程中得邓愈、常遇春等大将。

(二)挥兵集庆

1. 占领集庆

再往南发展需要水军,而这支义军没有水军。恰巧此时李国胜、赵普胜的巢湖水军与元军对峙,孤立无援,遂"归附"朱元璋。[①] 朱元璋以此为契机,攻取太平(今当涂),并问计于名儒陶安,坚定了夺取集庆(今南京)的计划。元军反攻太平时,朱元璋率兵据守,打退元军,生擒元将陈野先,与之结为兄弟,约好共同攻打集庆。然而率兵攻打集庆的郭天叙、张天祐

---

① 赵普胜后率部归附徐寿辉、彭莹玉领导的西系红巾军。李国胜攻下太平后欲吞并朱元璋,被杀。

并未得到陈野先的帮忙,反因陈野先与集庆守将福寿勾结而被害。陈野先率军追杀义军至溧阳,被不明内情的元朝地方武装杀死。

郭天叙、张天祐一死,朱元璋便成为这支义军的都元帅,并在完成对集庆的外围包抄后,亲率大军攻打集庆。江宁一战中,朱元璋活捉陈野先之子陈兆先,尽降其众,并从降兵中挑选亲兵,深得降兵之心。攻打金陵城时,降兵发挥重要作用。

2. 更名应天

此战中,得康茂才、杨宪等人,军队规模扩充至 10 万人。入城后,朱元璋诏谕官民,曰:"元失其政,所在纷扰,生民涂炭。吾率众至此,为民除害耳,汝等各守旧业,无怀疑惧。贤人君子有能相从立功者,吾礼用之;旧政有不便者,吾除之。"打下集庆后,改集庆为应天府,从此以应天为根据地,开启其军事、政治生涯的崭新篇章。"应天"二字何意?即顺应天意。这就意味着,这里既是他过去顺天应人而行吊民伐罪之举的胜利象征,也是他今后继续奉天承运以开基立国的根本所在。

在此之前的朱元璋,战略规划并不十分清晰,其斗争性质基本属于农民起义的范畴,或者说是为了争取一席生存之地,而此时,朱元璋的南京政权已经掌控滁州、芜湖、和州、溧阳等地,初步具有与元廷和其他地方武装叫板的实力,其目的已然转变为重建汉族封建王朝。

即便此时,他也只是龙凤政权下名义上的江南等处行中书省平章,而不是不急于像韩林儿、徐寿辉、郭子兴等人一样称帝称王,或草泽称雄,而是很长一段时间都尊奉东系红巾军小明王韩林儿龙凤政权的年号,一方面避免了元廷的重点打击,另一方面也在夹缝之中求得了宝贵的生存与发展机会。

三、西讨东征　南攻北伐

(一)西讨东征

定鼎应天之后,朱元璋采取多项举措,大力恢复生产,招揽人才,安定民心,巩固了新生政权,为一统天下奠定了坚实的基础。

1. 天然屏障

北方有察罕帖木儿父子、王宣父子、李思齐、张思道等四股力量,但由于相互牵制,且内耗严重,已无法掌控天下局势。出于不同目的,他们对割据政权的政策并不一致,时而征剿,时而安抚。其中力量最强的是察罕帖木儿父子,尤其是察罕帖木儿之子扩廓帖木儿(王保保),但无法直接威胁朱元璋。原因在于王保保与朱元璋之间还有个龙凤政权。

小明王韩林儿是龙凤政权的皇帝,是朱元璋名义上的主子和尊奉的旗号,虽然对其节制有限,但对朱元璋来说,更大的意义是,龙凤政权为他抵挡住了元军的主力,使朱元璋避免四面受敌的窘境。赵均用等颇具实力的反元力量在淮河流域也一定程度上牵制了元军的主力,为朱元璋专注于西讨东征起到不可忽视的作用。此外,朱元璋还经常遣使与察罕帖木儿父子保持联系,意在笼络对手,稳住北方,从而将全部精力放在南方。

2. 情势危急

西边的陈友谅虎视眈眈,东边的张士诚实力不俗,东南方国珍、南方陈友定都有一定实力。尤其是陈友谅锤杀徐寿辉并建立大汉政权后,在元末群雄中实力最强、疆土最广、野心最大,常对朱元璋的应天政权进行挑衅,还时常派人联络张士诚,欲与之夹击朱元璋。而张士诚胸无大志,只图自保,对陈友谅的结盟不太感兴趣。若朱元璋此时剑指张士诚,张士诚必与陈友谅结盟,导致朱元璋两面受敌。若先图陈友谅,张士诚必不敢轻举妄动。后来的事实证明,朱元璋先西后东的战略是完全正确的。

3. 攻徽州,取浙东

然而刚刚立足应天的朱元璋尚无西讨东征的资本,他还必须向外围拓展,攻取镇江、宁国、江阴、池州、徽州等战略据点,不仅堵住了张士诚西犯的大门,还将目标指向浙东。

至正十七年(1357年),朱元璋攻打徽州时,老儒朱升劝守将福童开城纳降。次年,朱元璋攻打婺源时,亲临其室访问大计,得"高筑墙,广积粮,缓称王"的九字箴言。简言之,即巩固后方,积蓄力量,立足长远。这九字箴言从战略上提出创基立国的策略,对朱元璋开创大明江山起到至关重要的作用。

取下徽州后,朱元璋立刻将进攻的矛头指向土肥民富的浙东。由于朱元璋军纪严明,用心抚恤百姓,深得百姓欢迎。在浙东得宋濂、刘基、叶琛、章溢等贤人,又建立郡学和礼贤馆,重用文人谋臣,充分展现朱元璋对人才与教育的高度尊重。而他的对手陈友谅和张士诚的对人才的重视程度以及使用方式则有很大差距。

4. 西讨陈友谅

朱元璋与陈友谅交手十余次,其中最关键的有三次战役,分别是应天保卫战、洪都保卫战和鄱阳湖决战。

至正二十年(1360),陈友谅率领"混江龙"、"塞断江"、"撞倒山"、"江海鳌"等巨舰以及二十万大军向应天进发。主逃、主降者均大有人在。朱元璋听取了刘基的建议,采取诈降的策略,将陈友谅的大军诱至江东桥。一方面,在朱元璋的授意下,麾下大将、曾与陈友谅有一定交情的康茂才,派老门房将亲笔"降书"送至陈友谅处,其中透露许多假军事情报,并"约定"届时以"老康"为信号,与其里应外合,然后连夜将木制的江东桥改为石桥,阻断其进军应天的路线。另一方面,朱元璋派兵攻取广信(今江西上饶),直捣陈友谅后路。待大军行至江东桥,并高喊"老康"却无人答应时,陈友谅才知中计,但面对重兵围攻,只得仓皇撤兵。此战严重挫伤了陈友谅的锐气,并使得双方的实力天平发生了变化。

至正二十二年(1362年),陈友谅部下江西行省丞相胡廷瑞将江南重镇龙兴(今江西南昌)献给朱元璋。朱元璋改龙兴为洪都府,命其侄朱文正为大都督,大将邓愈为江西行省参政,驻防洪都。

至正二十三年(1363年)二月,张士诚派大将吕珍攻略安丰(今安徽寿县),击杀刘福通,将小明王韩林儿围困于安丰。朱元璋力排众议,其中包括刘基的建议,决定亲自率军救援,救出后将小明王安置于滁州。那么此举有没有挟天子以令诸侯的嫌疑呢?我认为没有。原因很简单,那就是小明王只是东系红巾军名义上的共主,无法从真正意义上节制各割据势力。而且朱元璋将小明王接至滁州后,也并未行挟天子以令诸侯之举。换句话说,朱元璋营救小明王,并将其安置在滁州,对朱元璋而言并未产生实际利益,甚至还为自己的称帝之路增加了一道障碍,即面临将来如何除掉小明王以及名正言顺地称帝等问题。那么,朱元璋当时为什么力排众议并亲率大军前去营救小明王呢?具体原因已无法得知,但稍作分析,基本不出以下几点。第一,保住龙凤政权的大旗,一定程度上可以抵挡元朝大军,或者最起码可以震慑元朝大军。第二,既然尊小明王为主,那么营救小明王就有利于为自己挣得忠义的名声,有利于获取人心并进一步开创大业。第三,如果张士诚此战获胜,便意味着除南边的各股势力外,自己西边有陈友谅的虎视眈眈,东边与北边有张士诚的蠢蠢欲动,而此时陈友谅已剑指洪都,如果张士诚再得逞,势必与陈友谅联手夹击朱元璋,如果张士诚战败,势必闻风丧胆,朱元璋便可专心对付陈友谅。实际上,朱元璋走了一步险棋。这步险棋之所以成为妙招,是建立在两位对手尽出昏招的基础上的。如果陈友谅不攻洪都,而是直指应天,如果张士诚不畏首畏尾,答应与陈友谅夹攻朱元璋,或者趁朱元璋后方空虚,直指应天,朱元璋都将面临首尾无法兼顾的窘境,甚至有被赶出历史舞台的可能。但历史就是历史,容不得半点假设。事实上,朱元璋赢得了这步险棋,直至将两位对手送上不归之路。如果用最终的结果来分析朱元璋当年的决策,只能说朱元璋做出了一个正确的决定,一个超乎刘基等人所能理解的正确决定。

四月,陈友谅趁机发兵,号称 60 万,围攻洪都。守将朱文正按朱元璋坚壁挫锐的计谋,顽强坚守,抗击数倍于自己的敌军。当时,洪都的城墙被攻破多处,守军且战且筑,攻守双方踩着尸体作战,伤亡都很惨重。但朱文正发挥卓越的指挥才华,沉着应战,坚守洪都 85 天,大量消耗陈友谅的有生力量,为朱元璋进行反攻赢得了时间。最终以陈友谅不得已撤围、朱元璋获得战略性胜利宣告战役结束。此战之后,陈友谅一败涂地,以致身死疆场。

七月初六,朱元璋亲率水军 20 万,往救洪都。十六日进抵江西湖口。首先派兵守住泾江口(今安徽宿松南),另派一军屯于南湖嘴(今江西湖口西北),切断陈友谅归路;又派兵扼守武阳渡(今江西南昌县东),以防陈军逃跑;朱元璋则亲率水师由松门(今江西都昌南)进入鄱阳湖,形成关门打狗之势。经过一个多月的对峙,陈友谅被困湖中,计穷力竭,遂冒死由南湖嘴突围,企图进入长江退回武昌,遭到朱元璋的火攻。军队大败,陈友谅亦中流矢身亡。次年二月,朱元璋剑指武昌。陈友谅子陈理投降。此战被视为中世纪世界规模最大的水战,也是明王朝建立过程中最重要的一场战役。此后,朱元璋已经具备了问鼎天下的实力,同时也做好了一统天下的准备。

5. 东征张士诚

至正二十三年九月,张士诚自立为吴王。次年正月,朱元璋也自立为吴王。民间称前者为东吴,后者为西吴。双方立场完全不同。张士诚非红巾军系统,经常与元廷勾结,剿杀红巾军,但也经常与元廷作对,不过目的不在于争取天下。朱元璋虽也与元廷有过眉来眼去,但基本是出于战略考虑,而不是为了谋求小利小惠,更不是真心投靠。双方屡有攻伐,互有胜负。朱元璋自武昌凯旋后,局面发生剧烈的变化,遂集中兵力东征张士诚。东征共分三个步骤:

第一步攻其弱点,打其北境,取通州(今江苏南通)、兴化、盐城、泰州、高邮、淮安、徐州、宿州、安丰诸地,使东吴的军力局促于江南。高邮被围期间,张士诚派水军从长江逆流而上,全力救援。朱元璋亲自率领军队击退张士诚。

第二步是断其两翼,直取湖杭。至正二十六年(1366 年)九月,朱元璋以徐达为大将军,常遇春为副将军,率二十万精兵全力攻打张士诚。但命二将不要先攻苏州,反而直击湖州,"使其疲于奔命,羽翼既疲,然后移兵姑苏,取之必矣"。湖杭既下,苏州西、北、南三面被围。

第三步是瓮中捉鳖,直捣平江(今江苏苏州)。至正二十六年十二月至次年九月,集中攻打平江,生擒张士诚。

与张士诚对垒期间,朱元璋闻说朱文正欲"谋奔敌国",大怒,亲赴洪都将其押回应天。因马氏求情,未以谋反论处,但在审问时于盛怒之下失手将其鞭打致死,后封其子朱守谦为靖江王。《明实录》曾提及,朱文正在守江西期间,"骄淫暴横,夺民妇女,所用床榻僭以龙凤为饰"。朱守谦就藩桂林时,朱元璋曾下谕旨给他,提及其父当年在江西的所作所为:"恣意放纵,视人如草木,作孽无休。其不仁者甚,夺人之妻,杀人之夫,灭人之子,害人之父,强取人财。事觉,教之不听。未几,谋奔敌国,又觉,而方因之,然后而殁。"虽然上述说法可能另有隐情,但大致应基本属实,可见朱元璋在大是大非面前绝不姑息养奸,即便是被视作亲生儿子且位居大都督(武将之首,节制中外军事)的朱文正亦不轻饶。

东征张士诚期间，朱元璋曾下一道檄文，不仅称自己为王师，体现了浓厚的儒家正统思想，还指斥弥勒教和红巾军妖言惑众，荼毒生灵。此时的朱元璋已不再信奉红巾军那一套所谓的"弥勒下生"与"明王转世"了，而是完全站到了封建地主的立场上，旨在维护封建地主的既得利益。实际上，这道檄文也意味着朱元璋与龙凤政权的决裂，并朝着缔造大明王朝又往前迈进了一步。

至正二十六年十二月，朱元璋派廖永忠赴滁州迎接小明王。船行至镇江，沉于江底。小明王死。次年，即1367年，朱元璋改用吴元年。朱元璋此后不再提与龙凤政权的臣属关系，《明太祖实录》中也不见龙凤政权的有关史料。至此，朱元璋通往皇帝宝座的最后一道绊脚石被扫清了，一年后的登基大典也就显得顺理成章了。

（二）南攻北伐

1. 南攻对象

吴元年九月，朱元璋遣朱亮祖、汤和、廖永忠等征讨浙东方国珍。十二月，方国珍兵败乞降。

吴元年十月，朱元璋确立南攻北伐的战略方针。遣徐达、常遇春北取中原，遣胡廷瑞、何文辉南攻福建陈友定，遣杨璟、周德兴南取两广。次年正月，即洪武元年（1368）正月，陈友定被俘。七月，两广平定。南方除了四川、云南等地，基本全为朱元璋的辖区，这为即将全面开始的北伐奠定了坚实的基础。九月，南征大军班师回朝。

明王朝建立后，又两次派兵南征。

洪武四年正月，北方平定后，遣汤和、周德兴、廖永忠、傅友德、顾时分兵两路，直捣四川的夏国。夏国皇帝明升无力抵抗，乞降。十月，四川全境归入大明版图。

洪武十四年（1381年）九月，朱元璋遣傅友德、蓝玉、沐英率30万大军征云南。驻守云南的梁王系忽必烈后裔，元顺帝逃离大都后仍效忠退回大漠的北元皇帝。此前，朱元璋曾多次派人招降，但均无果。大军从东、北两方面进攻云南。十二月，梁王兵败自杀。次年闰二月，大军攻克大理，土酋段氏就擒。至此平定云南全境。

2. 大军北伐

大军北伐之前，朱元璋做好了最充分的准备。大致分为三步。

第一步是确定作战计划。朱元璋曾问常遇春有关北伐的策略，常遇春答曰："今南方已定，兵力有余，直捣元大都，以我百战之师，敌彼久疲之卒，可挺竿而胜也。"但朱元璋并不赞同该打法，而是采用稳扎稳打、步步为营，即先外围（山东、河南）、后大都的策略。由此可见朱元璋的用兵之道是既细心又大胆，既能看到局部又能看到全局。

第二步是任命统军将领。徐达用兵持重，小心谨慎，军纪严明，威望甚高，被任命为征虏大将军，专主中军。常遇春勇冠三军，所向披靡，其强项在于冲锋陷阵，被任命为副将军，为全军先锋。冯胜为参将，与常遇春为左右翼。薛显、傅友德各领一军，策应中军。该军剑指山东，攻打对元廷反复无常的王宣父子。

第三步是发布讨元檄文。其中有云："驱除胡虏，恢复中华，立纲陈纪，救济斯民。"又云："归我者永安于中华，背我者自窜于塞外。盖我中国之民，天必命我中国之人以安之，夷狄何得而治哉！"檄文以"天命"为中心，同时兼带华夷之辨的民族主义，理直事明，气势磅礴，顺应民心，有力配合了北伐军事行动顺利进行，为明朝的建立奠定坚实的基础。相传该檄文由宋濂起草，突出了汉族地主阶级知识分子的汉民族主义思想和天命论，旨在维护封建秩序。清末革命党人的"驱除鞑虏，恢复中华"即受此启发。

一方面由于准备充分，一方面由于蒙元势力四分五裂，已无法与朱元璋的大军相抗衡，北伐军势如破竹，所向披靡。吴元年十月，北伐军进逼沂州（今山东临沂），王宣父子投降，旋即反叛，被杖毙。十二月初，北伐军平定山东全境，撤掉元廷的屏障。次年，即洪武元年（1368）正月初四，朱元璋登基称帝，又遣邓愈为征戍将军，进取河南南阳，配合徐达夹击河南。二月，徐达派遣常遇春横扫山东其他城镇，自己独立领军出击河南，击败元丞相也速。不久，常遇春拿下山东西北部最后一个要点——东昌，山东遂平。三月，徐达发兵河南，先攻下汴梁，后接连进取洛阳、陕州（今河南省三门峡市陕州区）。元军望风而逃。平定河南，意味着破除了元廷的重要藩篱。朱元璋决定抓住战机，直捣大都。出乎意料的是，元顺帝置大都于不顾,仓皇逃往上都开平(今内蒙古锡林郭勒盟)。八月,北伐军攻克大都,改为北平府。

　　拿下大都后,明军着手清理元廷的其他有生力量,主要是退守山西的王保保部以及逃奔至陕西的李思齐、张思道等部。此间双方互有攻守。洪武元年九月,汤和率兵攻打山西的王保保,在韩店之战中惨败。元顺帝遂命王保保收复大都。徐达采取围魏救赵的策略,突袭王保保老巢太原。王保保一战而败,逃往甘肃。山西至此基本平定。洪武二年(1369)二月,北伐军进军平阳,图取陕西。李思齐闻风而逃,后投降。张思道、张良臣兄弟也闻讯逃往庆阳,后降而复叛,在庆阳与明军决战。王保保也采取围魏救赵之计,攻打凤翔。八月,明军攻陷庆阳,处决张良臣父子。明军随即打退凤翔援军,平定陕西全境。九月,北伐军班师回京。

　　洪武三年(1370)至二十九年(1396),朱元璋又前后八次针对北元采取军事行动,其中以胜仗为主,也有在局部战场的失利,如洪武五年(1372)的第二次北征。八次北征在沉重打击元朝残余势力、扩展明朝版图的同时,也加强了明朝对北部边疆的管理,巩固了新生的明朝政权,并为明初经济社会的发展提供了稳定的外部环境。

四、返回故土　关照家乡

　　朱元璋起自民间,有着浓厚的乡土情结,但自屯兵滁州,直至后来的西讨东征,都始终戎马倥偬,无暇返回故土。尤其是濠州被张士诚占据后,朱元璋即便有心返乡,也不可能成行。从张士诚手中夺回濠州,以及成为大明王朝的开国皇帝后,朱元璋便具备了返回故土和关照家乡的先决条件。

(一)回乡祭祖

1. 吴王返乡

　　至正二十六年(1366)二月,朱元璋攻打被张士诚窃据的濠州时,曾云:"濠州,吾家乡,今为张士诚窃据,是吾有国而无家也。"夺回濠州后,身为吴王的朱元璋,带上一群文武回到家乡,祭拜当年草草掩埋的父母,并于此时派汪文等人在此修缮父母陵寝。洪武二年（1369），荐号英陵，后改称皇陵。

项羽曾云："富贵不还乡，如锦衣夜行。"大凡富贵返乡，无非有三个目的。其一，与父老乡亲分享自己的荣耀，间有炫耀之意；其二，祭奠先人，告慰先人在天之灵；其三，报仇报恩，了却当年恩怨。对于朱元璋来说，前两点毋庸置疑，那么针对第三个目的，朱元璋是要向谁报仇，向谁报恩呢？

地主刘德为人十分刻薄，当年没少欺负朱五四一家，也没少打骂过朱元璋，尤其在朱家突遭横祸时冷眼旁观，连一块薄地也不愿施舍。从常理来看，朱元璋必然极为痛恨刘德，刘德在得知朱元璋富贵返乡时也必然极为害怕，而且知道事情原委的乡亲也会认为刘德在劫难逃。但朱元璋对战战兢兢的刘德说："尔之所为，亦恒情耳，不必问。吾贫时，尔岂知今日为天子耶？"（《国榷》卷一）此外还赏赐给他30顷田地，并免赋税十年。

由此断言朱元璋知恩图报也罢，邀买人心也罢，但有一点不能否认，那就是朱元璋对待乡间小民胸襟开阔，即便是曾经对他造成伤害的"仇人"亦既往不咎，甚至以大礼相赠。至于对他有恩之人，则更可想而知。

刘德的兄长刘继祖，当年曾施予朱元璋一块用于安葬父母兄长的土地，对于贫穷至极的朱元璋来说，无疑是雪中送炭之举，更是一份莫大的安慰。而此时刘继祖夫妇已不在人世，其子刘秀（后改名刘英）一直被朱元璋留在身边。洪武十一年（1378），朱元璋追封刘继祖为义惠侯，世袭罔替，并且让刘英回到凤阳，镇守皇陵。有明一代，刘继祖一脉得到财物、田地等各类赏赐，且地位特殊，家世显赫。《万历野获编》载："洪武十一年，诰封刘继祖为义惠侯，其词略云：朕微时罹亲丧，难于宅兆，尔发仁惠之心，以己沃壤，慨然见惠。安厝皇考妣，大惠云何可忘！因赠以侯，并赠其妻娄氏为侯夫人，仍为文以祭。宅兆即今泗州祖陵是矣。不讳龙潜之事，不忘马鬣之恩，存故旧，报德施，大哉圣孝，真只千古矣！刘继祖，字大秀。"

2. 太祖返乡

洪武四年（1371）、八年（1375），朱元璋又两次视察凤阳，祭拜皇陵。虽然此后未能再次亲赴家乡祭奠父母与长兄，但心中一直惦念这片土地上几位亲人的亡灵，所以多次命太子及诸王前往凤阳祀陵。洪武十一年

（1378），朱元璋嫌原皇陵碑记皆儒臣粉饰之文，恐不足为后世子孙戒，乃亲撰碑文，重立新碑，叙述他的家庭出身、本人经历、元末农民起义和他参加起义军的情况以及统一全国的简略过程。碑文通俗易懂，感情真挚，脍炙人口，非一般文人雅士所撰写的碑文可比。

（二）免除赋税

像刘邦当年免除家乡沛县的赋税一样，朱元璋也对家乡的百姓格外照顾。至正二十六年（1366），朱元璋返乡祭祖时，下令免征孤庄村民赋税、徭役。洪武十六年（1383），又下令永免临淮、凤阳二县税粮、徭役。洪武二十九年（1396），再次下令免临淮、凤阳二县赋税。不过值得一提的是，免赋税、徭役的对象只是土著居民，不包括迁来的人员，尤其是江南迁来的富户。

（三）分封同乡

朱元璋分封同乡并不是因为仅仅念及乡谊，而是因为在缔造大明王朝的过程中，凤阳人确实发挥了不可替代的作用。但反观朱元璋立国之初的大行封赏，又多多少少与其顾念乡谊有着密不可分的联系。以刘基为例，他在缔造大明王朝的过程中，所起到的作用且不与徐达、常遇春一较高下，但绝不亚于沙场上拼杀并获封侯爵的汤和、耿炳文等武将，甚至不亚于获封公爵的李善长、李文忠、冯胜、邓愈等人。换句话说，封刘基为侯爵并不算过分，甚至封为公爵也在情理之中。刘基为什么屈居伯爵之列，原因不一而足，但其中或许有一条，即刘基系浙东人，与朱元璋最倚重的淮西集团并非一条心。对于乡土观念极强的朱元璋而言，这一条就足以决定了刘基的爵位等次以及政治生命。

由于朱元璋大行封赏，尤其对同乡照顾有加，凤阳一时之间成为公侯之乡。且不说其他，随着营建中都计划的推行，凤阳城内的公侯宅第林立。《凤阳县志》载，洪武十八年（1385）八月，朱元璋特赐给公侯每人钞一万锭、银五百两为买木雇工之用，"俾还乡建第宅"。一时凤阳数百里之间，"风云之彦，星罗棋布，于数百里间，王侯之家，甲第相望，冠盖如云"。

（四）设凤阳府

说到凤阳府，凤阳人至今还津津乐道，原因有二：第一，凤阳府所辖区域曾经很大；第二，凤阳府的政治地位曾经很高。

元至元十五年（1278），濠州升为临濠府，府治在临淮县（今安徽省凤阳县城东北临淮镇），二十八年（1291）复为濠州，仅辖四县。朱元璋吴元年（1367）又升为临濠府。洪武二年（1369），改钟离县为中立县，同时在临淮西南凤凰山南麓建中都，因在凤凰山之阳，所以取名凤阳。洪武六年（1373），改临濠府为中立府，次年改名凤阳府，府治由原来的临淮县迁至凤阳县。

凤阳府所辖区域初期变动较大。起初，凤阳府下辖 11 州（和州、滁州、寿州、六安州、泗州、虹州、宿州、颍州、亳州、邳州、徐州）及若干县，大致包括现在的皖东、皖北、苏北等区域。洪武十三年（1380），凤阳府共有 9 州 24 县，管辖范围相当于现在的皖北、豫东南、苏北等区域。后来变为 4 州 14 县、5 州 13 县。但即便如此，凤阳府所辖面积也非常大，约等于现在的皖北地区，在南直隶①中面积最大、州县最多。

更重要的是，由于凤阳系皇陵所在、龙兴之地和王朝陪都②，与应天府、苏州府等同属南直隶，其政治地位在有明一代非常特殊。在凤阳设置中都留守司，所设正留守位高权重，"例以皇亲协守"，"勋臣非在戚里，不得与也"。凤阳还设有察院巡按行台、河南按察兵备行台等政府机构及一系列皇陵祭祀机构。除此之外，凤阳还是江北四府三州的乡试之地。各类官员合计达一千四百人，各级吏员总数达数万。朱元璋还以凤阳作为皇子的教育基地。"诸王之国，皆令诣辞皇陵而后行"，即就藩之前必须先到凤阳忆苦思甜，这也成为明初"定例"。朱元璋还将凤阳用作囚禁犯罪宗室的地方。可以说，凤阳是明初不可或缺的政治中心之一。

---

① 明初凤阳为直隶地区，朱棣迁都北京后，原京师地区改称南直隶，以区别于北直隶（原北平布政使司所辖区域）。

② 虽然朱元璋于洪武八年（1375）罢建中都，但凤阳仍是明王朝的陪都。然而，随着朱棣迁都北京，凤阳的政治地位渐渐有所下降。

（五）营建中都

洪武二年（1369），朱元璋下令营建中都。其理由是南京"去中原颇远，控制（北方）良难"，而"有天下者非都中原不能控制奸顽"。凤阳则离中原较近，且"前江后淮，以险可恃，以水可漕"，以之作为中都，可以补救定都南京的不足。其实这个原因根本站不住脚，真正的原因只有一个，就是"圣心思念帝乡，欲久居凤阳"。

除淮西勋贵大力支持外，其他大臣多表示不解。原因很简单。凤阳经济落后，又"平旷无险可守"，从哪个角度来说，都不是定都之地。刘基更是直截了当说："中都曼衍，非天子居也。"又说："凤阳虽帝乡，然非天子所都之地，虽已置中都，不宜居。"

朱元璋并未接受刘基等人的劝谏，于洪武二年（1369）九月正式下诏营建中都，李善长、汤和等人督工，"命有司建置城池宫阙如京师之制"。在朱元璋的设想中，自己的故乡将成为未来的正式首都，南京则降为陪都。

修建中都期间，朱元璋两次亲赴工程现场。洪武四年（1371），朱元璋视察中都建设情况，催促营建速度。洪武八年（1375），朱元璋第二次视察已颇具规模的中都。城池、宫阙、鼓楼、钟楼等重要工程已基本建成，中书省、大都督府、御史台、圜丘、方丘、日月坛、社稷坛、山川坛、太庙、百万仓、功臣庙、历代帝王庙、国子学、会同馆等庞大的建筑工程也基本完成。但于此时，朱元璋突然下诏罢建中都，已开工而未完工的工程继续，尚未开工的工程则不再开工。

为何罢建？至今说法不一。一说是众大臣的反对，尤其是刘基的反对；一说是第二次视察期间，得知工匠在施工时对宫殿下了各种符咒、镇物；一说营建期间淮河水患致使濠河水位暴涨，漫过大堤。但上述说法都略显牵强，以下几个原因或许是朱元璋罢建中都的关键。

其一是凤阳聚集了百万民夫，如若管理不当，极易引发大规模的暴动，进而动摇初建的大明王朝的根基；

其二是此时大明王朝还在南征北伐，再加上推进这项浩大的工程，民力消耗过大，长期以往，极易导致国力衰竭；

其三是淮西勋贵盘根错节,权势熏天,若果真定都凤阳,必然对朱家天下造成不可估量的威胁。

随着岁月的流逝和战火的摧毁,昔日的中都城已盛景难再。宫城内尚存奉天殿、文华殿和武英殿的基址,而以午门墩台保存最好。午门外左为太庙和中书省,右为社稷和大都督府、御史台。皇城承天门外左为城隍庙和国子监,右为功臣庙和帝王庙。这些遗迹尚历历可见。大明门外云济街东西两端为鼓楼和钟楼,鼓楼的高大墩台仍保存完整。值得一提的是,鼓楼台基中门上方有朱元璋亲书的"万世根本"四个楷书大字。停建中都以后,中都宫殿的建筑材料被挪用修建龙兴寺。另外,登上那段残存约1.1公里的古城墙,还依稀能看到当年营建中都的盛况,以及中都皇城庞大的规模。

(六) 迁入人口

在发展地方经济方面,朱元璋再次受到汉高祖刘邦的影响,为凤阳迁入大量人口。有记载说,朱元璋所迁皆富民,其实不然。说迁入富民者,主要从仇富的角度进行分析。

从心理学的角度来看,儿时的朱元璋饱受地主欺凌,即便此时做了皇帝,对这段经历也难以忘怀。所以在移民入凤阳的问题上,朱元璋自然将目光锁定在富户身上。

还有一说法是,富户沈万三富可敌国,曾出资修南京城墙,以博得晋身之资。然而除此之外,他还主动要求犒赏三军,引发朱元璋的猜疑。

另外还有苏州富民支持张士诚说,即围攻苏州时,苏州富民出资修建苏州城墙、招募兵士,为朱元璋拿下苏州制造了不少障碍。朱元璋登基后,对苏州课以重税,也透露出对苏州富户的报复性情绪。

实际上,迁入凤阳的既有富民,也有穷人。此举的主要目的有二:

1. 促进凤阳经济发展

据资料记载,在大明开国之际,凤阳县的本地居民仅有3324户,不到16620人。整个凤阳府人口不超过13万,人口密度每平方公里仅为5人。如此情形怎能配得上中都的名分?为此,朱元璋为凤阳组织了好几次大规模的移民,移民人数总计达 30 万之多,其中规模最大的一次是洪武七年(1374),他下令"徙江南民十四万实中都"。再加上军籍移民约 18 万,凤阳共有人口约 60 万。若再加上修建中都的工匠、民夫,凤阳可能聚集了 160 余万人之多。

2. 维持地区平衡

中国幅员辽阔,经济发展极不平衡。江南地少人多,凤阳地广人稀。按照朱元璋的考虑,将江南人口迁入凤阳,有利于缓解江南的人口压力和土地压力,而凤阳则获得经济发展所需的劳力和资源。如此双赢,当"极力"促成。为此,当权者以强权相逼,甚至出现"遣之者不以道,械系相疾视"的情形(胡翰《胡仲子集》卷九《吴季可墓志铭》)。

然而,如此动用强权,强迁人口,效果如何呢?

一方面确实使得这块穷乡僻壤一下子汇集了大量人口,一定程度上促进了凤阳经济的发展,经济规模在短时间内呈现几何式增长。然而此举并不能保证凤阳经济的持续发展,后来的事实说明,随着中都的罢建以及外迁人口的外逃,凤阳终究未能创造真正的经济奇迹,朱元璋这种强迁人口的做法并未起到预期的效果。

另一方面,外迁人口思乡心切,且在凤阳难以谋生,只能选择逃离凤阳。农民在本地耕种的多为最贫瘠的土地,且无法享受土著的免税政策;商人在凤阳经商与在江南富庶之地经商,所获取的利润显然不同,所面对的经商环境也大不相同,因而破产者不在少数。尤其是罢建中都后,凤阳经济出现大幅度滑坡,再加上明代严格的户籍制度,百姓不得随意迁徙,外迁人口只能化装成乞丐,或者不得不沦为乞丐,悄然还乡。脍炙人口的凤阳花鼓也于此时传唱开来,其中最有名的一段唱词是:"说凤阳,道凤阳,凤阳本是个好地方。自从出了个朱皇帝,十年倒有九年荒。"是不是真的"十年倒有九年荒"? 这倒未必,但外迁人口大批逃离凤阳,却是事实。"十年倒有九年荒"很大程度上是这些外迁人口由于憎恶朱元璋的迁民政策而故作编排之词,也或者是他们为了获取沿路百姓的同情和救济而作出的夸张之语。

五、大行封赏　大肆屠戮

相比较死于战火中的文臣武将而言，大明王朝的开国功臣是幸运的，因为他们不仅在经历了无数磨难后，见证了王朝的成立，还得到了令人称羡的高官厚禄。然而他们又是不幸的，得以善终的终究只是少数，多数有功之臣未能躲过胡惟庸案、蓝玉案等几场残酷的政治风暴。

（一）大行封赏

一个王朝的建立，离不开文臣的运筹帷幄与出谋划策，也离不开武将的能征惯战与浴血厮杀。得到怎样的封赏，有功之臣们必然翘首以待。如何嘉奖有功之臣，必然是新皇帝需要认真考虑的重要问题，因为这不仅涉及到利益的分配问题，还涉及到王朝根基是否稳固的问题。大明王朝的开国功臣们在期待论功行赏之时，朱元璋也在为这次论功行赏煞费苦心，因为他不仅要嘉奖功臣，还要分封藩王，以保大明王朝永世长存。

1. 分封藩王

朱元璋有感于元王朝因缺少强有力的藩卫而无力应对风起云涌的农民起义，于洪武三年（1370）作出封藩的安排，并解释如下："天下之大，必建藩屏，上卫国家，下安生民。今诸子既长。宜各有爵封，分镇诸国。朕非私其亲，乃遵古先哲王之制，为久安长治之计。"（《明太祖实录》卷五一）还有一个紧迫的现实问题就是，蒙元虽然被赶出中原地区，但依旧有着非常强大的军事实力。这就意味着朱元璋需要在北方布置非常强大的兵力。若将军权授予外人，则有可能形成藩镇割据；若仰仗皇子，则可能造成诸王拥兵自重，重蹈西汉七国之乱的覆辙。朱元璋采取了一个较为高明的策略，即分军权不分治权。针对部分大臣的质疑与反对，朱元璋表示，受封的都是皇家宗室，定能以大明社稷为重，不会出现分而治之的局面，最关键的是藩王不具备行政权，不可干预地方行政；而且藩王之间相互牵制，以防一家独大，还可以监督朝廷，以防出现权臣当道的情势。为此，朱元璋特地颁布了一项祖制：朝无正臣，内有奸逆，必举兵诛讨，以清君侧！朱元璋认为，他的这套在汉代的分封制基础上创造出的新制度，比以往历代都严密,既能使作为诸侯王的子子孙孙在各地成为强有力的藩卫,又能够避免诸侯王对中央政权造成威胁的弊端,大明江山从此可以长治久安了。简言之,朱元璋是希望通过分封藩王,达到镇固边防、翼卫王室、永保大明的目的。

朱元璋于洪武三年(1370)、十一年(1378)、二十四年(1391)3 次封王,涉及 24 子和 1 侄孙,遍布各要塞。藩王地位很高,有自己的文武官员,其府第、服饰和车旗等,"下天子一等",公侯大臣见了他们都要"伏而拜谒"。藩王拥有虽不干预地方行政,但平时可监视地方军队,战时可调动地方军队的权力。地方调用军队,要得到所属藩王的令旨。根据规定,藩王护卫"少者三千人,多者至万九千人",但边塞诸王的护卫多超过此数,如宁王朱权"带甲八万,革车六千"。永乐之后,诸藩王"分封而不锡土,列爵而不临民,食禄而不治事",可谓权力大减,但在经济方面的特权并未受到削弱。明中后期,土地兼并严重,国家财政捉襟见肘,都与此有着密切关联。

洪武九年(1376),在初次分封的十位藩王尚未就藩之时,平遥县训导叶伯巨就上书痛陈分封之弊端,其中有云:"臣恐数世之后,尾大不掉,然后削其地而夺之权,则必生觖望。甚者缘间而起,防之无及矣。"朱元璋暴跳如雷,说:"小子离间吾骨肉,逮来待我亲自射死!"然而,朱元璋驾崩后没几年,燕王朱棣利用朱元璋的祖制"奉天靖难",就让叶伯巨的预言就变成了现实。其实,朱元璋晚年已察觉分封制的弊端,尤其在太子朱标、晋王朱㭎去世后,朱棣的势力逐步强大,朱元璋担心仁弱的皇太孙朱允炆无法掌控局势,曾对驸马梅殷说:"燕王不可不虑。"可惜为时已晚,只能将重担压到朱允炆稚嫩的肩上。

如果历史允许假设,我们可以作出种种假设。如果太子朱标继承大统,那么朱棣敢靖朱标的难、清朱标的侧吗?如果朱允炆削藩不操之过急,平叛不所用非人,那么朱棣能靖难成功吗?如果朱元璋不急于屠戮功臣,那么朱允炆还会在平叛时无人可用并致使朱棣长驱直入吗?凡斯种种,不一而足。可惜,历史不容假设。之所以作出以上假设,只想说明以下几点:第一,朱元璋所设计的分封制出发点是好的,是基于现实(也不能排除朱元璋的私心)而作出的比较正确的选择;第二,经过朱元璋的深思熟虑与反复完善,这一制度本身并无太大问题,而且确实对于巩固边防起到积极作用,对巩固新生的大明王朝不无裨益;第三,后来的事实证明,即便是小小的漏洞,也会最终成为一个看似周全的制度的死穴,而这是作为封建皇帝的朱元璋始料未及的。最后,历史告诉我们,制度的制定应立足全局,放眼未来,制度的执行应与时俱进,因时制宜。

  2. 封赏功臣

  分封了众位藩王之后,朱元璋开始着手对文臣武将论功行赏,并表示:"凡今爵赏次第,皆朕所自定,至公而无私。如御史大夫汤和,与朕同里闬,结发相从,屡建功劳,然嗜酒妄杀,不由法度;赵庸从平章李文忠取应昌,其功不细,而乃私其奴婢,废坏国法;廖永忠战鄱阳时,奋勇忘躯,与敌舟相拒,朕亲见之,可谓奇男子,然而使所善儒生窥朕意向,以徼封爵;佥都督郭子兴不奉主将之命,不守纪律,虽有功劳,未足掩过,此四人止封为侯。平章李文忠总兵应昌,逐前元太子远遁漠北,获其皇孙、妃嫔、重宝悉归朝廷,此功最大;御史大夫邓愈自幼相从,屡更任使,虽经摧挫,口无怨言,此二人者,宜列公爵。左丞相李善长,虽无汗马之劳,然事朕最久,供给军食,未尝缺乏;右丞相徐达,与朕同乡里,朕起兵时,即从征讨四方,摧强抚顺,劳勤居多,此二人者,已列公爵,宜进封大国,以示褒嘉。余悉据功定封。"(《明太祖实录》)首次封赏如下:

  公爵 6 人,分别为韩国公李善长、魏国公徐达、郑国公常茂①、曹国公李文忠、宋国公冯胜、卫国公邓愈。其中李善长为文臣,其他 5 位均为战功最为显赫的武将。徐达食禄 5000 石,李善长食禄 4000 石,其他均为 3000 石。徐达死后被追封为中山王,生前被封为鄂国公的常遇春被追封为开平王,李文忠死后被追封为岐阳王,邓愈死后被追封为宁河王。

  侯爵 28 人,分别为中山侯汤和、延安侯唐胜宗、吉安侯陆仲亨、江夏侯周德兴、淮安侯华云龙、济宁侯顾时、长兴侯耿炳文、临江侯陈德、巩昌侯郭子兴、六安侯王志、荥阳侯郑遇春、平凉侯费聚、江阴侯吴良、靖海侯吴祯、南雄侯赵庸、德庆侯廖永忠、南安侯俞通源、广德侯华高、营阳侯杨璟、蕲春侯康茂才、永嘉侯朱亮祖、颍川侯傅友德、豫章侯胡美、东平侯韩政、宜春侯黄彬、宣宁侯曹良臣、汝南侯梅思祖、河南侯陆聚,以上诸位均

① 常遇春长子,其荫父功,继承郑国公爵位。

为功勋卓著的战将。侯爵食禄从 600 石到 1500 石不等。后来汤和被进封为信国公，死后被追封为东瓯王，傅有德被进封为颍国公。

伯爵 2 人，分别为忠勤伯汪广洋、诚意伯刘基。汪广洋食禄 360 石，刘基食禄 240 石。

为避免群臣妄议，朱元璋谕示："今日所定，如爵不称德，赏不酬劳，卿等宜廷论之，无有后言。"

此后也进行了多次封赏，如进封汤和为信国公，傅有德为颍国公，封蓝玉为永昌侯、凉国公，封郭英为武定侯，胡海为东川侯等。

无论是公爵、侯爵，还是伯爵，都属于开国勋臣，其地位都高于当朝一品。其食禄最高者为徐达，5000 石，最低者为刘基，240 石。而宰相的食禄仅为 80 石，仅为刘基食禄的三分之一，与徐达更是相去甚远。

曾向朱元璋献九字箴言的朱升，隐隐感到朱元璋迟早会杀戮功臣，于是拒绝爵位封赏，只为其子朱同请求免死券。但朱同此后被牵扯进郭桓案中，还是被处死。

除了爵位和食禄，开国勋臣们还得到了其他封赏。如洪武四年（1371），朱元璋将临濠的山地 658 顷赏赐给诸位公侯将相，平均每人合 2500 多亩。同年，朱元璋又将万亩田地赏赐给中山侯汤和。

（二）大肆屠戮

对首次封赏的功臣榜稍作分析，不难得出两个结论。第一，文臣仅有三位，所占比例极低，不足武将的十分之一，由此可见朱元璋重武抑文的思想；第二，淮西势力占据主导地位，由此可见朱元璋浓厚的乡土思想。对于一个新建的王朝而言，用封赏笼络人心显然是有必要的，但过于依靠一个地区的势力，势必又会造成该势力盘根错节，进而有可能动摇王朝的根基。随着时间的推移，朱元璋也渐渐看到这股势力的强大以及对王朝潜在的威胁。因而，当勋臣故旧还在为加官进爵而喜不自胜时，危机也一步一步向他们逼近。胡惟庸案、蓝玉案之后，大明王朝的开国功臣便被杀戮得所剩无几：

1. 胡惟庸案

胡惟庸案，又称胡党之狱，被称为明初四大案之首。

胡惟庸(？—1380)，安徽定远人，李善长同乡兼姻亲。

洪武六年(1373)，淮西朋党集团的领袖李善长，推荐胡惟庸担任右丞相。洪武十年(1377)九月，胡惟庸升任左丞相。胡惟庸在任期内遍植朋党，不遗余力地打击异己，使得淮西朋党势力不断膨胀。最关键的是，胡惟庸独断专行，许多事情不经朱元璋便擅自处置，这让朱元璋深感皇权旁落的危机。洪武十三年(1380)正月，胡惟庸称其旧宅井里涌出醴泉，并邀请朱元璋前来观赏。朱元璋欣然前往，走到西华门时，太监云奇紧拉住缰绳，急不能言，拼命指向胡家。朱元璋感觉事态严重，立即命人登上宫城，发现胡惟庸家上空尘土飞扬，墙道都藏有士兵。朱元璋大怒，以"枉法诬贤"、"蠹害政治"等罪名，处死胡惟庸，并诛其九族，同时杀御史大夫陈宁、中丞涂节等人。洪武二十三年(1390)，朱元璋颁布《昭示奸党录》，以伙同胡惟庸图谋不轨罪，处死李善长、陆仲亨、唐胜宗、费聚与顾时的子孙。后又以胡惟庸通倭、通元，诛其党羽，前后共诛杀三万余人。

朱元璋借此机会，彻底废除丞相制。洪武二十八年(1395)六月，太祖御奉天殿，敕谕文武群臣说："自古三公论道，六卿分职。自秦始置丞相，不旋踵而亡。汉、唐、宋因之，虽有贤相，然其间所用者多有小人专权乱政。我朝罢相，设五府、六部、都察院、通政司、大理寺等衙门，分理天下事务，彼此颉颃，不敢相压，事皆朝廷总之，所以稳当。以后嗣君并不许立丞相，臣下敢有奏请设立者，文武群臣即时劾奏，将犯人凌迟，全家处死。"（《皇明祖训》）

钱谦益说："云奇之事，国史野史，一无可考。"经史学家考证，并没有太监阻止朱元璋进入胡家之事。云奇也仅仅是正史捏造出来的人物。《明史》载："惟庸既死，其反状犹未尽露。"因此，有学者指出，所谓的胡惟庸案只是一个借口，目的就在于解决君权与相权的矛盾，结果是彻底废除了宰相制度，大大加强皇帝集权。

2. 蓝玉案

蓝玉，安徽定远人，常遇春妻弟，太子(朱标)妃舅父。

徐达、常遇春死后，蓝玉屡次统帅大军作战，屡立战功，尤其在捕鱼儿海一战中大破北元，名震天下，深得朱元璋厚爱，因而渐生骄矜。曾有御史追问蓝玉强抢东昌民田一事，却被蓝玉赶走。北征期间，蓝玉私纳北元王妃,致使该王妃自尽。北征归来时,蓝玉见喜峰关关吏没有及时开门,竟然纵兵破关。后被封凉国公、太子太傅,蓝玉对位居冯胜、傅有德之下而不满,并出言不逊。

洪武二十六年(1393),锦衣卫指挥蒋瓛告发蓝玉谋反。下狱鞫讯后,狱词称同景川侯曹震、鹤寿侯张翼、舳舻侯朱寿、定远侯王弼、东莞伯何荣及吏部尚书詹徽、户部侍郎傅友文等谋反,拟趁朱元璋借田时发动叛乱。朱元璋遂将蓝玉剥皮实草,并诛三族。由此株连蔓引,自公侯伯以至文武官员,被杀者1.5万人。朱元璋以《逆臣录》布告天下,其中涉及一公、十三侯、二伯。

胡惟庸、蓝玉案后,"元功宿将,相继尽矣"。除了案发前已死的,得以善终的屈指可数:曹国公李文忠、信国公汤和、西平侯沐英、长兴侯耿炳文、武定侯郭英。据说徐达、刘基也是被害而死。

朱元璋为何要大开杀戒? 概而言之,无非两点:

一是开国元勋实力过大,严重影响到明王朝的统制根基。尤其是太子朱标与皇太孙朱允炆柔弱,朱元璋担心他们无力应对;二是开国元勋中的相当一部分未能认清形势,保留了战争时代飞扬跋扈的习气,确实有罪。

如何安置或处置开国功臣的问题上,汉高祖刘邦采取斩尽杀绝的做法,宋太祖赵匡胤则采用杯酒释兵权的策略。朱元璋选择了前者。若从人性的层面予以分析,朱元璋无疑是残忍的,甚至是惨无人道的,但从稳固江山社稷的层面考量,作为一代帝王的朱元璋,其做法确实有一定的道理。毕竟,刘邦早在一千多年前就已经提供了可供参照的范本,而且日渐膨胀的相权和飞扬跋扈的勋旧确实成为大明王朝是否得以延续并能否永为朱家天下的两大威胁。

然而,朱元璋大开杀戒的结果是,朱允炆即位后,面对朱棣的靖难,朝中已无多少武将可供驱使,只能派年近古稀的耿炳文出征,后来连不懂兵法、妄自尊大的纨绔子弟李景隆也被任命为大将军。这恐怕是机关算尽的朱元璋所始料未及的。

六、惩治贪腐　整肃吏治

我们说朱元璋是中国封建时代一位颇有作为的皇帝,其中很重要的一点就是他大力惩治贪腐,整肃吏治,为明初政治生态的营造做出了重要贡献。

(一) 整治目的

1. 前车之鉴

元末吏治腐败透顶,百姓痛不欲生。正如明初文人叶子奇所说,元末官吏,"赃污狼籍","上下贿赂,公行如市"。直至明初,这些现象也没有得到根本扭转。朱元璋对此深为痛恨,决心不再重蹈元朝覆辙。

2. 深有感触

于社会底层的朱元璋,对于吏治腐败及其危害深有感触。若不是元朝官吏贪墨横行,视民如草芥,其父母、长兄也不至于半月之内相继而亡。外出游方期间,朱元璋也饱尝了人间冷暖,耳闻目睹了元朝吏治腐败与百姓的水深火热。登基之后,朱元璋对于民间疾苦感同身受,时常站在普通百姓的立场整顿吏治。

3. 巩固江山

朱元璋深知"水能载舟,亦能覆舟"的道理,曾于开国之初谕示群臣:"天下初定,百姓财力俱困,譬如初飞之鸟,不可拔其羽,新植之木,不可摇其根,妥在安养生息之。"(《明通鉴》)因此,朱元璋决心革除元朝弊政,以猛治国,澄清吏治,给百姓创造安养生息的环境。

(二) 整治手段

1. 树立典型

明代地方官每三年进京述职,皇帝照例为其设宴。朱元璋规定:政绩突出、为官清廉者,赐座用餐;政绩平常者,有宴无座;劣官庸官,站立一旁,看人用餐。洪武二十五年(1392),朱元璋编写《醒贪简要录》,亲自在奉天门向百官宣读,并颁布中外。每次诛杀重大贪污犯,朱元璋命令刑部将其罪行印发至各县衙门,广为张贴,还命令官员都到刑场观斩,以受教育。对于善始善终的清官廉吏,朱元璋不吝厚赏,还将其事迹编入《彰善榜》《圣政记》之中,供百官学习。

2. 严刑峻法

朱元璋所编大明律,是经过反复修改,"凡七誊稿",字斟句酌的"不刊之典",为整肃吏治、惩治贪腐提供重要的法律依据。其中一条非常重要的刑事司法原则就是"轻其轻罪,重其重罪"。朱元璋所编《御制大诰》,是一部带有特别法性质的重刑法令,汇集了大量典型生动的案例,对于教育百姓与官员不无裨益。洪武五年(1372),朱元璋作《申诫公侯榜文》,旨在规范皇亲国戚与开国勋臣的行为。朱元璋仿前朝体制,设御史台(后更名都察院),以纠察百官。后又设锦衣卫,以监视并惩处百官。朱元璋还汲取历史经验,于立国之初即设登闻鼓,并下令:"凡民间词讼,自下而上,或府、州、县省官及按察司不为伸理及有冤抑重事不能自达者,许击登闻鼓,监察御史随即引奏,敢沮告者,死。"(《明太祖实录》)除常见的笞、杖、徒、流、死(斩、绞)等五种刑罚,凌迟、黥刺、挑膝盖、剁指、刖足、剕、劓、阉割、锡蛇游、刷洗、枭令、称竿、抽肠、剥皮等酷刑在洪武一朝也时常使用,甚至连坐族诛之刑的案例也屡见不鲜。可以说,明初刑罚的残酷程度,超过了以往的任何朝代。

(三)整治效果

1. 积极效果

在整治吏治过程中,朱元璋始终坚持铁腕冷面,雷厉风行,绝不手软,连皇亲国戚也不放过。他亲自下令赐死驸马欧阳伦,便是其反腐历程中最精彩的一笔。《明史》载:"伦颇不法。洪武末,茶禁方严,数遣私人贩茶出境,所至驿骚,虽大吏不敢问。有家奴周保者尤横,辄呼有司科民车至数十辆。过河桥巡检司,擅捶辱司吏。吏不堪,以闻。帝大怒,赐伦死,保等皆伏诛。"

朱元璋大力惩治贪腐,整肃吏治,有效打击并震慑了贪官污吏,深得民心,塑造了洪武一朝乃至明初近百年风清气正的政治生态。因而朱元璋被誉为古代中国"铁腕反腐"的先锋。

2. 负面影响

由于惩处过于严酷,即便是清廉的官员也会因为稍不留心就遭受灭顶之灾。较具代表性的是发生在洪武九年(1376)的空印案。明朝时每年地方都需派人至户部报告财政收支账目,所有账目必须和户部审核后完全相符方能结算。若其中有任何一项不符就必须驳回重新造册,且须再盖上原地方机关大印才算完成。因当时交通并不发达,往来路途遥远,如果需要发回重造势必耽误相当多的时间,所以前往户部审核的官员都备有事先盖过印信的空白书册以备使用。朱元璋认为这是官员相互勾结的欺君重罪,因而下令处罚所有相关官员。

从洪武元年(1368)到十九年(1386),竟无一位官员能期满致仕。官员或被贬黜,或被处死,以致无官可用。无奈之下,朱元璋允许官员戴罪还职,即让罪官戴上刑具回衙办公。如此酷政,在打击贪污腐败的同时,也造成令人恐怖的政治环境,必然难以长期执行。物极必反。到了明中期,朱元璋整肃吏治的做法基本被抛弃殆尽,导致吏治腐败,王朝走向没落。

七、总结

(一) 人物评价

关于朱元璋的是非功过,历来说法不一,兹列举具有代表性的评价,仅供参考。

《明史》评价云:"太祖以聪明神武之资,抱济世安民之志,乘时应运,豪杰景从,戡乱摧强,十五载而成帝业。崛起布衣,奄奠海宇,西汉以后所未有也。惩元政废弛,治尚严峻。而能礼致耆儒,考礼定乐,昭揭经义,尊崇正学,加恩胜国,澄清吏治,修人纪,崇风都,正后宫名义,内治肃清,禁宦竖不得干政,五府六部官职相维,置卫屯田,兵食俱足。武定祸乱,文致太平,太祖实身兼之。至于雅尚志节,听蔡子英北归。晚岁忧民益切,尝以一岁开支河暨塘堰数万以利农桑、备旱潦。用此子孙承业二百余年,士重名义,闾阎充实。至今苗裔蒙泽,尚如东楼、白马,世承先祀,有以哉。"

《清世祖实录》载有顺治帝对朱元璋的评价,云:"朕以为,历代贤君,莫如洪武。何也?数君德政,有善者,有未尽善者。至洪武所定条理章程,规划周详,朕所以谓历代之君不及洪武也。"

《清世祖实录》载,康熙帝曾为朱元璋立碑,盛赞其"治隆唐宋",并云:"明太祖天授智勇,崛起布衣,纬武经文,统一方夏,凡其制度,准今酌古,咸极周详,非独后代莫能越其范围,即汉唐宋诸君诚有所未及也。"又云:"洪武乃英武伟烈之主,非寻常帝王可比。"

孙中山《谒明太祖陵文》有云:"昔宋政不纲,辽元乘运,扰乱中夏,神人共愤。惟我太祖,奋起草野,攘除奸凶,光复旧物,十有二年,遂定大业,禹域清明,污涤膻绝。盖中夏见制于边境小夷数矣,其驱除光复之勋,未有能及太祖之伟硕者也。"

毛泽东《读冯梦龙〈智囊〉批语》云:"自古能君无出李世民之右者,其次则朱元璋耳。"

商传《明太祖朱元璋》评价云:"朱元璋出身于一个贫苦家庭,从社会最底层的放牛娃、四处讨饭的小和尚,全靠自己的奋斗成了一个统一王朝的开国皇帝。这是中国历史上,乃至世界历史上绝无仅有的事情。另外,朱元璋当上皇帝后,也没有停止步伐,他在位三十多年,成功地建立一个强大统一的明帝国。"

(二)开发利用

1. 文化遗产

虽然大明王朝早已淹没在历史的滚滚洪流中,但鼓楼、明皇陵、古城墙、龙兴寺等历史遗迹以及朱元璋的生平事迹、军事思想、治国方略等,都以不同形式留存下来,都是宝贵的文化遗产。对此,我们不可等闲视之,或予以保护,或加以研究,使之发挥最大的价值。

2. 文化名片

朱元璋从社会最底层,一路披荆斩棘,直至登上皇帝宝座,开创大明帝国,是非功过任由后人评说。但有一点绝不可否认,朱元璋是中国历史上一位颇有作为且人生充满传奇的皇帝,其名号、经历的地区以及相关的传说,都是极可珍视的文化名片。

3. 学术研究

作为大明王朝的开国皇帝,朱元璋的生平事迹、军事方略、治国理念、法律思想及其评价等都是说不完道不尽的话题。从学术层面观之,朱元璋就是一座值得深入开采的学术富矿。迄今为止,朱元璋文学研究、朱元璋文学形象研究、朱元璋与宗教关系研究、朱元璋与三教关系研究、朱元璋与凤阳帝乡研究、朱元璋廉政思想研究、皇陵碑刻研究等与朱元璋相关选题已得到学界的深入研究。我们相信,随着研究的深入与推进,朱元璋研究必将取得更为丰硕的成果。

朱元璋重典反腐的缘由、举措及成败

　　从人类社会发展历史看,腐败是与私有制相伴随的一种社会现象。在相当长的时间里会一直"顽强"地生存着,有时以隐秘的方式寄生于蜕化的心灵潜滋暗长,有时以寻租的方式附着在利益共同体中拓展生存空间,有时以看似"正义"的方式依托政绩光环,条件成熟时恣意妄为直至发展为"政治之癌";正是因为腐败现象往往表现出很强的隐蔽性和滞后性,遏制腐败成为人类政治文明建设的世界性难题。①

　　著名作家二月河说,腐败更多的和人心有关,贪欲是腐败产生的重要原因。在漫漫历史长河中,腐败一直与人类社会的发展如影随形,无法摆脱。公元前 1700 多年前的《汉谟拉比法典》就已对惩治贪污受贿等腐败行为作出明确规定。我国春秋时期晋国代理司寇羊舌鲋,掌管刑狱、纠察等事,却以贪坏法,卖官纵贪,成为我国史料记载第一位贪官,也是第一个被以"墨(贪污)"罪论处的官员。从国际视野上看,执政印尼 30 年的苏哈托集团因腐败普遍化土崩瓦解,而苏联解体和东欧剧变根本上是统治集团腐化堕落被人民所抛弃。当前,西方发达国家腐败问题主要表现为政治腐败,并往往成为政党互相攻击的靶子和赢取选票的工具。如 2006 年美国中期选举期间,民主党利用共和党阿布拉莫夫游说案丑闻,大肆炒作,致使小布什总统支持率持续下降,并在 2008 年总统选举中成功获胜。应该说,腐败问题已成为世界性难题,不仅古代存在,现代还存在;不仅中国有,世界所有国家都有。世界经济论坛报告指出:"腐败将在未来的时

---

① 张亮:《反腐倡廉热点问题解读》,北京:中国检察出版社 2015 年版,第 544 页。

间里成为全世界共同面临的最大挑战。"①当今世界,绝大多数国家和地区都不同程度地遭受到腐败之害,几乎所有国家和地区都在高举反腐败大旗,不断研究遏制腐败日趋严重的对策和措施。2003 年 10 月 31 日,第 58 届联合国大会通过了《联合国反腐败公约》。同年 12 月 9 日至 11 日,联合国在墨西哥梅里达举行国际反腐败高级别会议,正式签署《联合国反腐败公约》。2005 年 12 月 14 日《联合国反腐败公约》正式生效,成为联合国历史上第一个指导国际反腐败斗争的法律文件,为世界性的反腐败斗争以及国际反腐败合作提供了国际法依据与保证。目前全球已有 149 个国家签署了该公约,我国全国人大常委会于 2005 年 10 月 27 日审议批准了该公约。

事实上,只要有权力,就可能产生腐败。因此,针对腐败,不同国家都进行了各自不同的整治,同一国家在不同时期往往也会采取不同的整治方式,反腐倡廉已经是全世界的共识。一直以来,腐败都以其特有的形式影响着人类社会发展。中国封建时代突出表现为"王朝—腐败—新王朝"的历史周期律,中国共产党长期执政也同样面临历史周期律的考验。习近平总书记在党的十九大报告中说:只有以反腐败永远在路上的坚韧和执着,才能跳出历史周期律。跳出历史周期律,中国封建王朝的兴衰治乱尤其是腐败问题对我们有很大的启示亦或警示意义。

一、朱元璋重典反腐的缘由

朱元璋重典反腐有很多原因,其中最重要的原因有三:苦难身世、江山永固、推崇儒学。

(一)苦难身世导致内心痛恨贪官污吏

元朝末年,佃农出身的朱元璋,生活在社会的最底层,经常面临食不果腹、衣不蔽体的窘境。1344 年(元至正四年),朱元璋的家乡——凤阳濠州钟离一带发生了一场罕见的大瘟疫——鼠疫。朱元璋父亲朱五四一

---

① 张亮:《反腐倡廉热点问题解读》,北京:中国检察出版社 2015 年版,第 544 页。

家 17 口,有 12 人先后染疾死去,只剩下朱元璋大哥的儿子朱文正、大嫂王氏、大姐夫李贞以及外甥李文忠,连同朱元璋本人共五人。

同年农历九月十八日朱元璋在孤庄村度过了他在这里的最后一个生日。为了生计,第二天,他家的近邻汪氏老母命次子汪文备好礼物陪同朱元璋前往於皇寺(后称皇觉寺)当起了小和尚。

朱元璋出身贫寒,其五世祖朱仲八、四世祖朱百六、曾祖父朱四九都是生活在江苏句容的农民,因不堪官府及地主税负,朱元璋的祖父朱初一将家迁徙至江苏盱眙,同样因为入不敷出,其父亲朱五四再次举家逃荒到安徽凤阳。朱家生活的艰辛,我们可以在朱元璋亲自撰写的皇陵碑文中有所体察:"俄而天灾流行,眷属罹殃,皇考终于六十有四,皇妣五十有九而亡,孟兄先死,合家守丧。田主德不我顾,呼叱昂昂,既不与地,邻里惆怅。忽伊兄之慷慨,惠此黄壤。殡无棺椁,被体恶裳。浮掩三尺,奠何肴浆。"面对天灾瘟疫,在不足半个月的时间里,父母兄长先后染病亡故,家里居然没有掩埋亡者的方寸土地,也没有棺材及像样的陪葬品。朱元璋是中国历史上少有的几个出身于贫苦农民家庭的皇帝,因而他对广大农民的艰难生活有切身的体会。充分体察最底层农民疾苦的朱元璋,深谙民为邦本、本固邦宁的基本道理。朱元璋不仅要求各级官吏了解广大农民的疾苦,甚至要求其子女也能够体会到贫苦农民的艰难生活,以不至于放纵自己。朱元璋为使各级官吏了解农民的艰难生活,唤起他们对农民疾苦的同情之心,从而不至于贪赃枉法,专门命人编写了一本《醒贪简要录》的小册子,且亲自作序。朱元璋写道:"四民之中士最贵,农最劳。最劳者何?当春之时,鸡鸣而起,驱牛秉耒而耕,及苗既种,又需耕耨,炎天赤日,形体憔悴。及至秋成,输官之外,所余能几?一或水旱虫蝗,则家家惶惶无所望矣。今居官者不念吾民之艰,至有刻削而虐害之,甚矣而无心肝。"农民生活如此艰苦,各级官吏如果再贪赃枉法,广大农民势必不堪重负,官逼民反乃是不可避免的趋势。

(二)王朝江山永固必须惩治贪官污吏

明朝初年,经过多年的战乱,社会经济接近崩溃,百姓民不聊生,朱元璋十分清楚这一现状,并亲眼目睹过元朝末年贪官污吏残民害民,以致民怨沸腾,广大农民纷纷揭竿而起的景象。因而,在建立起自己的统治以后,为了使得刚刚建立的朱家王朝政权稳固,开国之初,朱元璋就曾谕天下府、州、县官并多次强调:"天下初定,百姓财力俱困,如初飞之鸟,不可拔其羽,新植之木不可摇其根,在安养生息之而已。唯廉者能约己而利人,尔等当深念之。"①要求各级官吏抚民恤民,与民休息。而如果官吏们贪污腐化,则广大老百姓就难以维持生计。在朱元璋看来,不严惩贪官污吏,就难保广大百姓不铤而走险,就难保其朱明王朝的江山永固。显然,朱元璋是从维护其封建统治的角度出发来认识反贪的重要性的。因此,他痛恨残民害民的贪官污吏,并制定了一系列严格的法律,对贪官污吏实施残酷无情的打击。其次,元末官场贪腐风气及开国功臣中居功自傲、贪图安逸享乐思潮的影响导致官场乱象,是朱元璋面临的严峻形势,也是其坚定反腐的现实需要。

(三)儒学"倡仁义"不容存在贪官污吏

尽管朱元璋是一个"自马上得天下"的封建帝王,没有接受过当时系统的正规教育,但是他推崇儒学,大量吸收儒生加入到统治集团中,并把儒学作为他政治统治的指导思想。明初,朱元璋接受了冯国用、冯国胜兄弟"倡仁义"的口号,吸纳了一批儒士参政并加强儒学教育,大力宣传儒家礼制思想,用以教化、统一全体臣民的思想观念和言行,巩固、强化其皇权专制统治。朱元璋在位期间多次下诏,征召儒士,兴办学校,开科取士,把儒生作为官僚队伍扩充的主要来源。朱元璋也是身体力行,正如谷应泰所说:"(太祖)身在行间,手不辍书,礼致儒臣,深思治道。"②正是因为他"每于宫中无事辄取孔子之言观之",从而认识到孔子所说"节用而爱人,使民以时"③的道理。可见,朱元璋的反腐恤民思想汲取了儒家学说的精华。

---

① 《明太祖实录》卷 29。
② 《明太祖宝训》卷 2。
③ 《明太祖宝训》卷 2。

二、朱元璋重典反腐的举措

朱元璋重典反腐有其独到的特点,尤其是重视制定法律从源头遏制腐败,严格执法通过震慑遏制腐败,倡节俭、戒奢侈营造清廉风气遏制腐败。

(一) 制定法律,宣传法律,从源头遏制腐败

朱元璋特殊的生活阅历,造就了他从骨子里痛恨腐败的官吏;长期的斗争实践,朱元璋意识到,国家如果没有严明的法律,官吏的从政行为就缺少规范要求,政权就难以稳固,后世也无所遵循,江山难以长久。

1. 将建立健全法律体系作为一项重要工程

建立健全法律体系,是明朝开国之初,朱元璋重点抓的一项工程。事实上,早在称帝前一年(1367 年,吴元年),朱元璋就命左丞相李善长为律令总裁官,参知政事杨宪、御史中丞刘基等 20 人为议律官,拟定律令,当年形成令 145 条、律 285 条。

洪武二年,朱元璋亲自编定了《皇明遗训》,其中主要精神是严禁宦官、外戚干政,保证皇统的纯洁和巩固。朱元璋主持制定的《大诰》,其主要内容是列举已被处理的官民罪状,让当世官民引以为戒。倾注了朱元璋大量心血的《大明律》是工程宏大的一部法律,历时三十余年才定稿完成:洪武元年,以唐律为蓝本制定了《大明律集解附例》,简称《大明律》;洪武六年及二十二年重修,洪武三十年修纂完成颁示天下。《大明律》成为中国古代法律史上重要的里程碑,被史学界评价为"简于唐律而严于宋律"。《大明律》规定:受财而枉法者,一贯以下杖七十,每五贯加一等,至八十贯则处以绞刑;受财而不枉法者,一贯以下杖六十,每五贯加一等,至一百二十贯,杖一百,流三千里。贪赃枉法者,不仅要处以相应的刑罚,而且要没收其所有家产。监守自盗、御史犯罪等,还要加重处罚。连官吏因公乘坐官畜、船、车附私物超过规定重量,也要加刑。正是通过制定和完善比较系统完备的法律,规范和约束人们(特别是官吏)的日常行为,对官吏的贪污和贿赂行为设立了严酷的刑罚加以处罚,才造就了明初的清明

政治。

2. 编订通俗读物将法律传播到"田间地头"

为加大宣传力度,朱元璋将《大明律》、《大诰》等法律条文作为官学和私塾的教材,还将官吏、百姓诵读《大明律》、《大诰》等法律条文情况与科考、部分减刑、官吏考核等方面挂起钩来,鼓励人们学习法律知识,这些措施的推行,极大地调动了民众学习法律的热情,洪武十九年(1386)甚至出现"天下有讲读《大诰》师生来朝者十九万余人"的壮观场面,可见明初在调动社会各界参与学法普法方面工作在全国产生了巨大反响,起到了很好的效果。明朝的普法效果可以从明朝小说家吴承恩的作品中得到印证:《西游记》中,孙悟空收服猪八戒时,把八戒的老巢云栈洞大门打碎,八戒出来应战,大骂悟空:"你把我大门打破,你且去看看律条,打进大门而入,这个杂犯死罪哩!"——明朝对私闯民宅、毁坏他人财物处罚极重。这悟空也不含糊,回应道:"这个呆子,我就打了大门,还有个辩处。像你强占人家女子(指高翠兰),又没个三媒六证又无些茶红酒礼,该问个真犯斩罪哩!"——三媒六证是当时合法婚姻的见证形式,这种习惯法被朝廷认可。吴承恩笔下的人物悟空和八戒两人张口就是"法言法语",可见明朝"普法"之成效。①

朱元璋十分重视普法宣传,认为"制礼定法非难,遵礼守法为难"。为方便人们识记法律内容,朱元璋强调"法贵简当,使人易晓"。1367 年 12 月,《大明律令》制定完成后,明太祖便命令大理寺卿周桢等人说:"律令之设,所以使人不犯法。田野之民岂能悉晓其意,有误犯者赦之,则废法,尽法则无民,尔等前所定律令,除礼乐、制度、钱粮、选法之外,凡民间所行事宜,类聚成编,训释其义,颁之郡县,名曰律令直解"。《律令直解》一书内容通俗易懂,便于识记,是一本很好的普法手册,明太祖阅后非常满意地表示:"吾民可以寡过矣",意思是百姓通过阅读通俗法律读本知晓法律,进而减少触犯法律条款的机率。《大诰》甚至普及到田头,连明初文人都感慨:"挂书牛角田头读,且喜农夫也识丁"(载于明朝刑部左侍郎刘辰著《国初事迹》)。由此可见朱元璋对普法宣传的重视程度。

---

① 李贞:《朱元璋与普法教育》,《学习月刊》2008 年第 2 期。

（二）不徇私情，严格执法，通过震慑遏制腐败

朱元璋重视制定法律，主张重典治吏，在法律执行层面也不余遗力。《大明律》首篇就是针对官吏行为的。《大明律》将《吏律》置于章首，以示国家治民先治吏之意。明法律规定地方官吏贪污钱财在 60 两以上的，斩首示众不算，还要剥皮萱草，这是朱元璋专门为贪腐官员创设的刑罚处罚举措，并以《大诰》的形式加以宣传推广，此刑罚的适用范围是贪腐官员，将贪腐官员的人皮剥下制成鼓或者填入稻草，制成人皮草人立于衙门门口或者当地土地庙的门口，用以警告继任官员，切勿贪赃枉法。

1. 法办重臣

1358 年，朱元璋在攻克婺州（浙江金华）后，由于粮食供应短缺，为保障供应，节约军中粮食，减少百姓负担，下令禁止用粮食酿酒，岂料手下一员大将胡大海之子胡强（也唤作胡三舍），不顾禁令，以身试法，仍在军中用粮食酿酒自饮。朱元璋接到举报后勃然大怒，下令将其依令处斩，朱手下将士连忙劝阻，理由是胡大海正领兵在浙江一带打仗，不宜杀其子，以防胡大海临阵倒戈。朱元璋却说："宁可使大海叛我，不可使我法不行"。结果是朱元璋亲手处死了胡公子，维护了法律的权威。朱元璋带头严格执行法律，即便是达官贵人之子犯罪，一样给予处罚，起到了很好的惩戒和教育作用。试想，朱元璋颁布的"禁酿酒令"，被军中将官（也是"将二代"）胡强撞上，如果不执行，势必在军中造成恶劣影响，其他将士会效仿，最终可能导致禁令形同"纸老虎"、"稻草人"。

洪武十八年三月，户部侍郎郭桓坐盗官粮，系狱拟罪者数万人。户部掌管全国户口、土地及钱粮等职权。郭桓及本部的胡益、王道亨等人利用职务之便坐盗官粮 700 余万石，牵涉刑部尚书王惠迪、兵部侍郎王志、工部麦志德等"举部伏诛"。全国因此案株连被杀六七万人，被这些贪官吞没的国家粮银折合成粮食，几乎与当时全国征收的秋粮的总和相等。郭桓案震动全国，罪犯作案的主要手段之一是涂改账册，接受郭桓贪腐案深刻教训，朱元璋下令把原来很容易被人涂改的一、二、三、四、五、六、七、八、九、十、百、千，改成壹、贰、叁、肆、伍、陆、柒、捌、玖、拾、陌、阡。后人把"陌、阡"逐渐改写成"佰、仟"，而"贰"又简化为"弍"。这种做法类似今天

所说的堵塞制度漏洞,构建"不能腐"的机制。

发生在明代洪武九年,朱元璋严惩地方计吏预持空白官印账册至户部结算钱谷的大案。此案在当时受到明太祖朱元璋相当程度的重视,并因此诛杀数百名官员,连坐被杀的人数以万计。具体案情是:明朝时每年地方都需派人至户部报告财政收支账目,所有账目必须和户部审核后完全相符方能结算。若其中有任何一项不符就必须驳回重新造册,且须再盖上原地方官府大印才算完成。因当时交通并不发达,往来京城路途遥远,如果需要发回重造账册,势必耽误相当多的时间,所以前往户部审核的官员都备有事先盖过印信的空白书册以备使用。这原本是从元朝既有的习惯性做法,朱元璋获知此事后大为震怒,认为这是官员相互勾结的欺君重罪,因而下令处罚所有相关官员。空印案是典型的形式主义和官僚主义表现。朱元璋花大气力予以整治,对官吏改变工作作风,更加务实从政起到了良好的效果。

2. 严惩亲属

下面我们再看看朱元璋如何惩处其近亲属的违法行为,这方面比较经典的案例有两个:一是对于亲侄儿朱文正私通敌军案,另一个对于女婿欧阳伦私贩茶叶案。

朱文正(1336—1365 年),是朱元璋的亲侄儿,也是 1344 年凤阳那场大瘟疫后,朱元璋大哥家幸存的"独苗"。朱文正跟随朱元璋到军中,逐步成长为其集团的核心人物,曾任全军最高衙门"大都督府"的大都督。朱文正在洪都(南昌)保卫战中坐镇孤城 85 天抵御住了陈友谅 60 万大军的进攻,最终以陈友谅军撤围,朱军获得战略性胜利而结束。洪都保卫战成功实现了以少胜多,堪称军事史上的一个奇迹。朱元璋还京后,准备犒赏守城诸将,私下询问朱文正需要什么赏赐,朱文正内心希望得到封赏,但表面上还作谦让,回答道:我是自己家里人,不需要奖赏,赏赐给其他功臣吧。朱元璋当真,回答道,还是自家侄子晓明事理,那就先给其他功臣封赏了。于是大大地赏赐了常遇春、廖永忠及诸将士,果真暂未封赏朱文正。朱文正嘴上不说,心里十分不悦,自己开始斗气并胡作非为,甚至任由部将掠夺属下妻女,直至动起了歪脑筋,私通张士诚妄图制衡朱元璋。按察使李饮冰上奏:"朱文正胡乱作为",朱元璋遣使责骂。朱文正惧怕,李饮冰又上奏朱文正有异心。朱元璋立即坐船到城下,召朱文正来。朱文正仓卒出迎,朱元璋说了好几遍:"你打算干什么?"最终,朱元璋下令将朱文正押回京城,顶住了大臣们(特别是马皇后)的求情,毅然将其打入囚牢,不久死于牢狱。

冷兵器时代,马匹是国家重要的战略物资,为增加战略物资储备,利用内陆生产的茶叶与居住在祖国西北边陲的藏、蒙诸少数民族交换马匹,明朝在四川、陕西等地设立了茶马司,专门负责与少数民族的互市。这就是以马易茶。明朝初年还制定了《茶法》并在产茶地区和重要关隘设立专门机构管理茶叶贸易,严禁贩卖私茶。据《明史·公主传》记载,朱元璋与发妻马皇后所生的安庆公主,于洪武十四年下嫁欧阳伦。但作为皇亲国戚的朱元璋女婿欧阳伦恃着自己特殊身份,明知故犯、私贩茶叶。为牟取暴利,欧阳伦对《茶法》置若罔闻,他奉使到川、陕公干,多次偷带四川茶叶出境贸易。开始时还躲躲闪闪,后来便明目张胆地进行,甚至公然挟持官府派车辆运送茶叶。有一次欧阳伦要陕西布政使司为他安排装运茶叶的车辆渡过黄河,因茶叶数量巨大,家人周保竟索车 50 辆。陕西布政使司不敢得罪,紧急部署下属单位征用,才勉强凑够了 50 辆大车。车行至兰县渡桥时,河桥巡检司只是按照例行公事询问,谁知竟招来了一顿毒打。他在无奈中告了御状。朱元璋经过核实确认了欧阳伦的不法行为,盛怒之下,决定从重惩处,赐驸马欧阳伦自尽,其家丁周保等人一并处斩,茶叶悉数抄没入官,河桥吏执法不避权贵,给予嘉奖。在绵延几千年的封建社会里,帝王之家因争夺江山而骨肉相残者屡见不鲜,但因"官倒"犯法而被赐死的,欧阳伦可说是唯一的一个。为了大明帝国的长治久安,朱元璋宁可牺牲女儿的幸福,也决不姑息养奸,单就这一点而论,这种胆略和气魄,不必说那些昏庸之君不可企及,就是那些雄才大略的帝王,恐怕也难以望其项背!欧阳伦案震动了朝野,使那些仗势妄为、钻营求利的不法之徒受到极大的触动,不得不有所收敛。加上其他一些措施,使明朝的"以茶易马法"得以顺利实施。

(三) 倡导节俭,力戒奢侈,营造清廉风气遏制腐败

朱元璋认为,官吏的节俭行为和节俭意识,将影响到社会的风气,倡导节俭,可以使官府的开支减少,从而减轻老百姓的税赋负担。

1. 饰品以铜代替黄金

朱元璋曾说过:"古王者之兴,未尝不由于勤俭;其败亡,未尝不由于奢侈。前代得失可为明鉴,后世昏庸之主,纵欲败度,不知警戒,卒濒于危亡,此深可慨叹。大抵处心清净则无欲,无欲则无奢侈之患。欲心一生,则骄奢淫逸无所不至,不旋踵而败亡随之矣。朕每思念至此,未尝不惕然于心,故必身先节俭,以训于下。"他还常说:"节俭足以养性,崇尚侈靡必至丧德"。朱元璋注意从自身做起,从皇族开始,力行节俭。朱元璋登基以后即宣布,不准将宫殿作豪华装饰,他本人的衣帽、车轿、马具等日常用品,不准用黄金镶嵌,一律改用铜替代。主管的官员认为皇帝的饰品花费不了多少黄金,朱元璋却说,朕富有四海,岂能吝惜这点黄金,但是,所谓俭约,非身先之,何以率下?朱元璋不仅自己节俭,对待身边的人也一样严格要求。有一天,一名内侍穿着新靴子在雨中行走,被朱元璋骂了一顿,理由是他不爱惜靴子。马皇后平时穿的衣服都是粗布做的衣裳且洗过很多遍,即使破了也不忍更换新衣服。她听说元世祖皇后煮旧弓弦取丝织布的故事,也让宫人把宫里的余帛制成被子,用来赐给年老孤独的人。剩余的帛以及有疙瘩的丝,将它们做成衣裳,赐给各位王妃公主,让她们知道桑植养蚕的艰难。

2. 创设宴请标准:"四菜一汤"

朱元璋和皇后日常生活注重节俭。从《南京太常寺条》祭祀孝陵的祭品单中看,总少不了韭菜、荠菜、芹菜、茄子、苔菜、竹笋、芋苗这些农家土菜,这应是朱元璋和马皇后生前常吃的。南京民间是这样传的:朱元璋当上皇帝的时候,老百姓的生活并不好过,但达官贵人却穷奢极欲,过着花天酒地的糜烂生活。对此,朱元璋十分看不惯,如此下去大明朝也要亡国,决心整治这股奢侈风气。时逢皇后生日,各路官员都来贺寿,待全部坐齐之后,朱元璋吩咐上菜。第一道菜是炒萝卜,第二道菜是炒韭菜,第三道是两大碗青菜,最后一道是葱花豆腐汤。众臣不解,朱元璋解释:"萝卜上了街,药店无买场","韭菜青又青,长治久安定人心","两碗青菜一样香,两袖清风好丞相","小葱豆腐青又白,公正廉洁如日月"。大臣听罢知道朱元璋的用意。接着,朱元璋当众宣布:今后众卿请客,最多只能"四菜一汤"，这次皇后的寿筵即是榜样，谁若违反，严惩不贷。

（四）注重考核，加强监督，通过严密制度遏制腐败

除重典治吏外，朱元璋十分重视对官吏规范从政的教育、考核与引导，希望通过官吏的勤政和廉政来缓和阶级矛盾，达到大明江山长治久安的目的。明初设立政府监察机构，加强对官员的督察，并将督察结果与官员的职务升迁挂钩；定期对官吏进行考核。地方官每三年考核一次，京官每六年考核一次。洪武十八年（1385），全国地方官吏共计 4117 人来京接受考核，结果是称职者仅 435 人（占 10.57％），平常者 2897 人（占 70.37％），不称职者 471 人（占 11.44％）；贪污者 171 人、茸者（品格卑劣之人）143 人（两者占 7.63％）。上述正态分布的结果可见考核之严格。

考核结果与职务升降挂钩：凡称职者均得以升迁，平常者在原职位使用，不称职者降职使用，贪污者移送司法惩办，茸者则削职为民；另外，鼓励监督，监督形式主要是官吏之间的监督，其次是鼓励百姓对官员的监督。

三、朱元璋重典反腐的成败

明初在反腐倡廉方面，包括在中国古代法制史上都具有里程碑意义：朱元璋不仅以身作则带头执行法律，还十分注重对法律的宣传；朱皇帝倡导的宴请活动"四菜一汤"至今还有广泛的正向影响力，其主导的反腐倡廉系列举措取得了实实在在的成效，关于这一点我们可以从明朝的存续时间得到印证：明朝的存续时间在封建王朝中仅次于唐朝（少 13 年），如果扣除武则天造成唐朝年号中断的时间，明朝就是我国存续时间最长的封建王朝了（我国历代封建王朝存续时间如下：秦朝 16 年；西汉 210 年；东汉 195 年；三国 60 年；西晋 51 年；东晋 103 年；南北朝 169 年；隋朝 37 年；唐朝 289 年；北宋 167 年；南宋 149 年；元朝 97 年；明朝 276 年；清朝 267 年）。但是，明朝最终还是没有跳出历史周期律，从反腐方面来看，主要有以下几个原因：

（一）监察机构对皇权过度依赖

监察机构等廉政建设的执行机构，完全依赖于皇帝一人，听从皇帝一人指挥、调遣，而皇帝的精力毕竟有限。庞大的监察及特务（锦衣卫）系统，皇帝一人难以顾得过来，势必影响到其长期、高效率的运转。另一方面，由于锦衣卫等机构只听命于皇帝，但其自身却缺乏有效的监督，结果出现，"绝对的权力，往往导致绝对的腐败"。

（二）严刑峻法导致矫枉过正

朱元璋在开国之初采取的是"刚猛治国"的方针，但是所采取的手段诸如杀人剥皮等刑罚，缺乏起码的人道；法外用刑，造成法律适用上的随意性；"株连"和"清算"等过于严厉的制度设计，往往导致错杀无辜和人人自危，刑罚在实际执行中遭遇巨大的阻力，这种阻力，也给执法者带来莫大的压力，在可能的情况下，执法者会自觉或不自觉地选择"避重就轻"处理当事人。事实上，朱元璋自己也意识到自己肃贪手法过急与过猛，他坦承："惩创奸顽，或法外用刑，本非常典"①。

（三）官员待遇过低衍生腐败

以明洪武二十年与唐朝永徽年间、元至大二年官员司俸为例，同样是正三品官，司俸分别为 35、60 和 12.33 石米；正七品官的司俸分别为 7.5、21 和 4.23 石米。从数据上看，同职级的官员，明朝的司俸仅相当于唐朝的 36% 到 59% 不等；数据显示，明朝较元代高，事实上，元代由政府发放的司俸只具有象征意义，官员大量的收入来源于职田，元世祖至元三年、十四年定北方路府州县官吏职田，按官阶自 16 顷至 2 顷不等，佃户从七百户至三五十户。由此足以说明，元代官吏的收入主要来源于职田，司俸与职田的收入总和远远高于明朝的收入。过低的收入，使得官吏无法体面且有尊严地生活，这也是严刑峻法挡不住前赴后继官吏腐败的原因之一。

---

① 张廷玉等：《明史》，北京：中华书局 1974 年版，第 52 页。

(四) 皇权过于膨胀加速腐败

朱元璋废除了丞相职位,将皇权和相权独揽在皇帝一人手中;废除了监察系统中的谏官系统,御史和给事中的规谏得不到制度上和法规上的保证,如果君主开明,尚可采纳建言,如君主拒谏,则监察机构对于皇权就没有监督和干预的可能。皇权过于膨胀直接导致不勤政廉政的君主失去被规劝、纠正的机会,皇帝一人松懈可能导致整个朝纲松弛。事实上,朱元璋本人的勤政廉洁,并不能代表其子孙后代也一样能自觉地勤政廉洁,而制度设计上的缺失,导致明中晚期的腐败加速。

《党的领导视角下的"大包干精神":内涵与启示》 张晓亮 中共安徽省
    委党校(安徽行政学院)、安徽小岗干部学院
《父辈们的"红手印"》 关正标 安徽小岗干部学院
《沈浩精神——一座巍峨的时代丰碑》 郑兆迎 安徽小岗干部学院
《以沈浩为榜样 做优秀村书记》 程宇 安徽小岗干部学院
《凤阳出了个朱元璋》 姚大怀 安徽科技学院
《朱元璋重典反腐的缘由、举措及成败》 卫胜 安徽科技学院

图书在版编目(CIP)数据

安徽小岗干部学院特色课程讲稿/张晓亮著.—上海:上海三联书店,2020.5
ISBN 978-7-5426-6918-6

Ⅰ.①安… Ⅱ.①张… Ⅲ.①农村经济-经济体制改革-研究-凤阳县 Ⅳ.①F327.544

中国版本图书馆 CIP 数据核字(2019)第 278847 号

安徽小岗干部学院特色课程讲稿

著　　者 / 张晓亮

责任编辑 / 殷亚平
装帧设计 / 一本好书
监　　制 / 姚　军
责任校对 / 王凌霄

出版发行 / 上海三联书店
　　　　　(200030)中国上海市漕溪北路 331 号 A 座 6 楼
邮购电话 / 021-22895540
印　　刷 / 上海惠敦印务科技有限公司

版　　次 / 2020 年 5 月第 1 版
印　　次 / 2020 年 5 月第 1 次印刷
开　　本 / 640×960　1/16
字　　数 / 200 千字
印　　张 / 9
书　　号 / ISBN 978-7-5426-6918-6/F・797
定　　价 / 48.00 元

敬启读者,如发现本书有印装质量问题,请与印刷厂联系 021-63779028